MARKETING IDEOLÓGICO

Caro(a) leitor(a),

Queremos saber sua opinião sobre nossos livros.
Após a leitura, siga-nos no **linkedin.com/company/editora-gente**,
no **TikTok @EditoraGente** e no **Instagram @editoragente**
e visite-nos no site **www.editoragente.com.br**.
Cadastre-se e contribua com sugestões, críticas ou elogios.

DAVI RIBAS

MARKETING IDEOLÓGICO

COMO LIDERAR SEU MERCADO E
TRANSFORMAR SEUS CLIENTES EM
DEFENSORES DA SUA MARCA

Diretora
Rosely Boschini

Gerente Editorial Sênior
Rosângela de Araujo Pinheiro Barbosa

Editoras
Carolina Forin
Juliana Fortunato

Assistente Editorial
Camila Gabarrão

Produção Gráfica
Leandro Kulaif

Preparação
Giulia Molina Frost

Capa
Anderson Junqueira

Projeto Gráfico
Marcia Matos

Adaptação e diagramação
Karina Groschitz Guimarães

Revisão
Bianca Maria Moreira
Wélida Muniz

Impressão
Edições Loyola

Copyright © 2024 by Davi Ribas
Todos os direitos desta edição são reservados à Editora Gente.
Rua Deputado Lacerda Franco, 300
Pinheiros - São Paulo, SP
CEP 05418-000
Telefone: (11) 3670-2500
Site: www.editoragente.com.br
E-mail: gente@editoragente.com.br

Dados Internacionais de Catalogação na Publicação (CIP)
Angélica Ilacqua CRB-8/7057

Ribas, Davi
  Marketing ideológico : como liderar seu mercado e transformar seus clientes em defensores da sua marca / Davi Ribas. - São Paulo : Editora Gente, 2024.
  192 p.

ISBN 978-65-5544-509-1

1. Desenvolvimento profissional 2. Marketing 3. Negócios I. Título

24-2969   CDD 658.3

Índices para catálogo sistemático:
1. Desenvolvimento profissional

NOTA DA PUBLISHER

Atualmente, estar inserido no mundo digital não é uma opção, mas uma necessidade. Logo no início deste livro, Davi Ribas diz que "cada vez mais se aproxima o dia em que não existirá uma única empresa que não esteja no digital. Simplesmente porque não há mais meios de sobreviver fora desse ambiente". E o principal desafio de muitos empreendedores tem sido se adaptar a esse meio e, mais do que se destacar, fazer com que a marca seja lembrada em um ambiente de concorrência acirrada.

Como deixar de ser apenas mais uma empresa, mais uma marca, e se tornar um verdadeiro movimento? Em *Marketing ideológico*, você vai encontrar a resposta para essa pergunta. Davi Ribas é o mentor de que todo empreendedor precisa para navegar com sucesso no mercado digital. A expertise dele em criar movimentos duradouros e relevantes o torna a pessoa ideal para guiá-lo em sua jornada de crescimento e consolidação do seu negócio. Neste livro, ele compartilha conhecimentos e estratégias comprovadas, oferecendo soluções práticas e inovadoras para garantir que sua marca se destaque e permaneça na mente dos consumidores.

Se você está aqui, é porque está pronto para elevar seu negócio a um novo patamar e conquistar o espaço que ele merece no mercado digital. Aproveite a oportunidade de aprender com um dos maiores especialistas da área e prepare-se para ver sua marca brilhar como nunca.

Boa leitura!

ROSELY BOSCHINI
CEO e Publisher da Editora Gente

AGRADECIMENTOS

Acredito profundamente que tudo na vida acontece para que estejamos exatamente onde precisamos estar, no lugar certo, com as pessoas certas. Tudo é sincrônico. Por isso, não vou agradecer simplesmente a uma pessoa, mas a mim mesmo, por ter vivido tudo isso, e a todas as pessoas que passaram pela minha vida até aqui.

Se a professora de matemática não tivesse, certa vez, me dado uma bronca que me fez sair da sala, eu nunca teria descoberto um livro de sociologia na biblioteca da escola enquanto esperava como castigo. Esse momento despertou meu interesse pelo assunto.

Se eu não tivesse nascido em uma família de artistas, jamais teria passado tantos anos no teatro, o que me tornou hábil na construção de narrativas e comunicação. Se eu não tivesse sido um adolescente revoltado e comunista, nunca teria entrado para a política e, posteriormente, usado os princípios que lá aprendi para gerar tanto resultado com meus negócios.

Ao longo da minha vida, tive vários momentos importantes: o período em que não fui feliz na escola e larguei o ensino médio, o tempo que passei nos bastidores da política, e as reviravoltas que enfrentei em cada passo da jornada vivida por uma criança incompreendida que se tornou um grande empresário. Cada um desses momentos me moldou.

Assim, agradeço a todas as pessoas que cruzaram meu caminho. Se não fosse por elas, eu não estaria aqui, compartilhando exatamente o que estou dizendo neste livro.

> O DIGITAL É O MAIOR AMPLIFICADOR DE MENSAGENS DO MUNDO, E SABER USÁ-LO É O QUE VAI FAZER A SUA VOZ CHEGAR A DIMENSÕES QUE VOCÊ NEM IMAGINA.

SUMÁRIO

Introdução _____ **14**

Capítulo 1 - O paradoxo da presença digital _____ **24**

Capítulo 2 - O que nos movimenta _____ **36**

Capítulo 3 - O marketing ideológico _____ **46**

Capítulo 4 - O grande ideal _____ **56**

Capítulo 5 - O inimido ameaçador _____ **76**

Capítulo 6 - O líder corajoso _____ **88**

Capítulo 7 - A comunidade _____ **106**

Capítulo 8 - A persona ideológica e o nome de impacto __ **124**

Capítulo 9 - A narrativa ideológica _____ **140**

Capítulo 10 - Desenvolva um funil de doutrinação _____ **154**

Capítulo 11 - Ecossistema de comunidade _____ **166**

Capítulo 12 - Quanto maior é o movimento, maior é a
legião de fiéis _____ **176**

Capítulo 13 - Pegue o remo certo e se jogue no mar ____ **186**

Ao meu querido leitor, uma advertência: se este livro chegou até você, leia-o agora, ou você continuará perdendo muito dinheiro.

INTRODUÇÃO

Vestindo uma beca preta e vermelha, ele se levantou da cadeira e se dirigiu ao púlpito. Foi em 12 de junho de 2005, um dia ensolarado e especialmente feliz. Centenas de jovens estavam ali para ouvir o que ele tinha a dizer, também vestindo trajes de formatura para receber o diploma de uma das mais conceituadas universidades do mundo, a estadunidense Stanford, na Califórnia.

Aos 50 anos, ele contou àqueles estudantes o que o fez abandonar a faculdade aos 17, mesmo ela sendo, na época, o melhor caminho para conseguir oportunidades para um jovem criado por uma família adotiva com poucos recursos. Ele falou de cada escolha que fez depois da decisão de abandonar os estudos. Contou a importância de seguir a própria intuição e de decidir com o coração. Explicou como esse pensamento o levou a criar uma das empresas mais amadas e valiosas do mundo, tornando-o bilionário anos mais tarde, contra todas as probabilidades.

Ele falou também sobre confiar e ter fé em si. Explicou que, no futuro, mesmo as escolhas mais tolas farão sentido se forem feitas com a alma, porque todos os pontos estarão ligados. Concluiu dizendo aos jovens: "Permaneçam tolos, permaneçam famintos".[1] E foi aplaudido de pé.

Esse cara era Steve Jobs, o fundador da Apple.

---

1 DISCURSO Steve Jobs (legendado) completo. 2021. Vídeo (14min24s). Publicado pelo canal i3onlinebr. Disponível em: https://www.youtube.com/watch?v=45xrq0wpqv4. Acesso em: 5 jun. 2024.

Cidade de Washington, Estados Unidos, 28 de agosto de 1963. Em frente ao monumento do ex-presidente estadunidense Abraham Lincoln, 250 mil pessoas negras aguardavam em um misto de ansiedade e esperança. Homens, mulheres, idosos e crianças de todas as partes do país estavam lá para a Grande Marcha por Emprego e Liberdade, também chamada de Marcha de Washington, um ato convocado por organizações religiosas, sindicatos e movimentos populares pelos direitos civis da população negra dos Estados Unidos.

Acompanhado de alguns seguidores, um homem caminha de modo calmo e confiante até o palco montado especialmente para aquela ocasião. E diz: "Estou contente de me reunir a vocês nesta que será conhecida como a maior demonstração pela liberdade na história de nossa nação".

Ali, ele profetizou um futuro diferente e melhor. Ele já era um líder negro acostumado às multidões, que há anos se empenhava na luta pela igualdade social e contra a segregação racial, sempre pregando que esse movimento contra o sistema deveria ser pacífico e com ordem.

Apesar de ser um orador emblemático e carismático, aquelas milhares de pessoas não estavam ali por ele. Estavam ali pelo que ele defendia, por sua causa, materializada naquele discurso, quando ele repetia:

> *Eu tenho um sonho de que um dia, nas encostas vermelhas da Geórgia, os filhos dos antigos escravos se sentarão ao lado dos filhos dos antigos senhores, à mesa da fraternidade.*

Eu tenho um sonho de que um dia até mesmo o estado do Mississippi, um estado sufocado pelo calor da injustiça, sufocado pelo calor da opressão, será um oásis de liberdade e justiça.

Eu tenho um sonho de que os meus quatro filhos pequenos viverão um dia em uma nação onde não serão julgados pela cor de sua pele, mas pelo conteúdo de seu caráter (sim, Senhor). Hoje, eu tenho um sonho![2]

Esse homem era Martin Luther King Jr., um dos maiores líderes de todos os tempos.

Steve Jobs e Martin Luther King Jr. tinham uma capacidade surreal de mobilizar pessoas e influenciar massas em torno de um objetivo comum. Eles foram capazes de mexer com pensamentos e opiniões, mudaram o curso da história, alteraram o *statu quo* e deixaram legados duradouros.

O legado de Jobs foi a Apple, a marca mais icônica de todos os tempos. O de Luther King foi a ideia de igualdade entre os povos, que ressoa mesmo décadas depois de seu discurso. Ambos foram grandes lideranças nas respectivas áreas e, apesar de nunca terem se conhecido e serem de realidades muito distintas, tinham algo muito importante em comum: a capacidade de criar um movimento. Algo que eu compreendi muito cedo.

Eu sempre fui inquieto, questionador, um inconformado. Talvez tenham sido essas as características que me fizeram entender o

---

2 DISCURSO completo de Martin Luther King – Eu tenho um sonho. 2013. Vídeo (16min43s). Publicado pelo canal Luiz Polito. Disponível em: https://www.youtube.com/watch?v=-QT1logxcZo. Acesso em: 5 jun. 2024.

mecanismo por trás das empresas que se tornam líderes de mercado e das pessoas que as levam até lá. Pode até parecer estranho, mas tudo se resume a uma coisa só: movimento, que é a explicação de tudo.

Movimento é um princípio da Sociologia presente nas maiores revoluções da história, nas eleições políticas, nas ações das maiores marcas e nos maiores lançamentos do mercado digital. Movimento é o mecanismo que une grandes multidões em prol de um mesmo objetivo. Mas como isso acontece? A resposta é simples: por conta do senso de pertencimento.

A Antropologia estuda o comportamento humano, e já entendeu que todos temos necessidade de pertencer a uma tribo, qualquer que seja, como a dos adoradores de um deus em forma de elefante ou a de fãs de um relógio chamado Rolex. Com isso, podemos dizer que, no mundo atual, as pessoas não compram apenas produtos – ou seja, as marcas líderes que se destacam no mercado não são as que oferecem os melhores bens ou serviços, e sim, aquelas que fazem os consumidores se sentirem parte de algo.

Nos reconhecemos através do outro e do ambiente a que pertencemos. Todo desejo é mimético: é, na verdade, o desejo do grupo do qual fazemos parte. Nossas escolhas são moldadas pelo ambiente e pela ideologia desse ambiente.

Então eu pergunto: se somos movidos pelo pertencimento, por que as marcas insistem em nos vender produtos?

DE REBELDE A COPYWRITER

Antes de contar a história de como entendi o mecanismo que explica o poder mobilizador de Jesus, da Apple, da Nike, de grandes políticos e de todos os grandes movimentos que sensibilizam multidões, preciso dizer que, além de um marketeiro respeitado apesar de jovem, sou um grande estudioso e admirador das Ciências Humanas.

Eu estudo Sociologia, Antropologia e Filosofia desde que me entendo por gente. Platão e Émile Durkheim são meus amigos do peito. Na minha mesa de cabeceira, o copo d'água divide espaço com livros que vão desde princípios conhecidos da Sociologia até Alquimia, Metafísica e religiões antigas.

TODOS TEMOS NECESSIDADE DE PERTENCER A UMA TRIBO, QUALQUER QUE SEJA, COMO A DOS ADORADORES DE UM DEUS EM FORMA DE ELEFANTE OU A DE FÃS DE UM RELÓGIO CHAMADO ROLEX.

Dito isso, quero que conheça o Davi adolescente: aos 15 anos, entrei em uma fase bem rebelde, revoltado com a vida, subversivo com tudo. Nessa época, decidi me filiar à União da Juventude Comunista, o diretório jovem do Partido Comunista do Brasil (PCB). Fiquei lá por dois anos e comecei como qualquer jovem "comunista de apartamento": queria ir para a rua, queria gritar e brigar nas praças. Enchia a boca para dizer "trabalhadores, uni-vos", mesmo sem trabalhar... Só que eu era bom de narrativa.

Sou filho de uma atriz e de um palhaço de circo, então o palco sempre foi minha escola. Até aquele momento, tinha feito doze anos de teatro. Eu sei como construir um roteiro, criar uma boa história, manter o público atento em cada ato e em cada cena. Por conta disso – e pela falta de medo de dar pitaco em qualquer coisa –, fui chamado para ajudar nos bastidores das campanhas políticas. Eu ajudava os jovens candidatos a vereador com ideias e estratégias para as eleições na cidade onde eu morava, Nova Friburgo, no interior do Rio de Janeiro.

Nos bastidores, comecei a entender mais de política, conhecer as melhores táticas de campanha, saber como funciona o movimento político, como ganhar uma eleição, implantar uma ditadura, derrubar um governo...

Assim como política e teatro, outra coisa que sempre me fascinou desde muito cedo foram as religiões. Eu tinha certa inquietação em relação a Deus. Quem é Deus? Qual é a religião "certa"? Essas perguntas me intrigaram a tal ponto que fui estudar a estrutura litúrgica das religiões. Devorei livros para entender a história de cada uma delas, a ritualística, a mitologia, os deuses antigos.

Tudo isso, somado ao conhecimento da doutrina política, ficou guardado na minha cabeça. Eu não sabia ainda, mas um dia ligaria os pontos – como Steve Jobs fez.

Aos 17 anos, larguei o Ensino Médio. Fiquei em casa, sem escola, sem planos, e levei um chacoalhão da minha mãe: "Vai fazer alguma coisa da vida". Foi aí que veio a pandemia de covid-19 e, trancado em casa sem poder fazer qualquer outra coisa, eu fiz a famigerada pesquisa no Google: "como ganhar dinheiro na internet".

Para encurtar um pouco a história, já que este livro não é necessariamente sobre mim, mas sobre um segredo que descobri que pode colocar muito dinheiro no seu bolso, vamos ao que interessa. Naquele mesmo ano, acabei conhecendo o marketing digital e comecei a trabalhar como copywriter. Foi uma escolha fácil, natural, já que eu já sabia construir narrativas, contar histórias, criar promessas, escrever roteiros.

Meus textos eram uma mistura de peças de teatro com discurso político e campanhas ideológicas. Deu certo. Comecei a ficar muito bom naquilo. Saí de menino sem trabalho para estrategista cheio de projetos e requisitado no mercado. Mas alguma coisa ainda não encaixava. Eu sentia que faltava alguma peça.

A GRANDE REVELAÇÃO

Não dá para prever o resultado de nossas escolhas e experiências. Às vezes, precisamos confiar na intuição e seguir nossos interesses, mesmo que eles pareçam não se encaixar no momento que estamos vivendo. Steve Jobs fez isso ao decidir estudar caligrafia quando abandonou a faculdade. Dez anos depois, ligando os pontos, ele percebeu o quanto aquela decisão foi acertada, pois foi essa experiência que o fez criar o Macintosh, o primeiro computador a oferecer fontes bonitas e espaçamento entre as letras, duas coisas que tornavam a leitura na tela mais agradável. Esse foi, inclusive, o diferencial que revolucionou a indústria de computadores pessoais e foi copiado logo depois pela Microsoft.[3]

Em maio de 2022, eu tomei uma dessas decisões com base na minha intuição, e em poucos dias tive duas grandes revelações que mudaram para sempre a minha perspectiva e são parte da razão pela qual você está lendo este livro agora.

Eu já tinha ganhado algum dinheiro – pelo menos o suficiente para ficar confortável –, e por isso acabei tendo certo tempo para

---

3 DISCURSO Steve Jobs (legendado) completo. *op. cit.*

voltar às minhas crises existenciais em relação a Deus e ao sentido da vida. Então uma amiga me falou sobre dois líderes indígenas da tribo Yawanawá que tocaram com o DJ Alok[4] e me disse que eles estavam em Florianópolis, Santa Catarina, onde eu estava morando na época. Resolvi, então, participar de uma cerimônia de ayahuasca.

Ayahuasca é uma bebida tradicional dos povos originários da Amazônia, usada para fins medicinais e espirituais. Ela é considerada sagrada, capaz de curar traumas e promover revelações importantes para quem a toma. E eu tive a minha revelação. No meio da cerimônia me veio a palavra: movimento. Não entendi, a princípio. Eu já falava sobre aquilo, dizia que era preciso estar em movimento, mas não sabia explicar exatamente o que significava.

Dois dias depois dessa experiência, veio a segunda revelação, e não foi nada épico. Eu tinha passado o dia inteiro sozinho e bebido meia garrafa de vinho quando fui ao banheiro e tive o maior insight de todos os tempos, algo que definitivamente foi responsável por me trazer até aqui e agora está por trás do sucesso de grandes marcas e de grandes líderes. Enquanto a minha mente voava, tive a certeza: entendi como criar um movimento e sabia como explicar esse passo a passo.

Saí correndo, procurando uma caneta marcadora. Imediatamente comecei a rabiscar no espelho da sala todo o download que a minha mente tinha feito naqueles últimos minutos. Ali nascia a primeira versão da minha metodologia autoral. Hoje, meus clientes são grandes empresários, experts e marcas que desejam atingir a

---

4 MARTINS, P. Alok prepara disco com indígenas após ter revelação ao tomar ayahuasca. **Folha**, 7 maio 2022. Disponível em: https://www1.folha.uol.com.br/ilustrada/2022/05/alok-faz-disco-com-indigenas-diz-ser-contra-o-marco-temporal-e-ignora-bolsonaro.shtml. Acesso em: 5 jun. 2024.

posição de líderes absolutos no mercado. Nas próximas páginas, eu vou explicar em detalhes cada um dos princípios que meus clientes e alunos aplicaram, bem como o passo a passo para criar um plano de marketing ideológico. Vou contar, também, quais são os pilares para criar um movimento e mantê-lo em pé e sempre relevante no mercado.

01 O PARADOXO DA PRESENÇA DIGITAL

Na década de 1990, Bill Gates, o fundador da Microsoft, disse: "Se seu negócio não estiver na internet, seu negócio ficará sem negócio".[5] Essa afirmação é muito replicada até hoje por um motivo: ela é verdadeira.

Cada vez mais se aproxima o dia em que não existirá uma única empresa que não esteja no digital, simplesmente porque não há mais meios de sobreviver fora desse ambiente. Estar no digital não é mais luxo, é necessidade, assim como a própria internet foi luxo um dia e hoje é indispensável. Até já existem discussões no Brasil e no mundo sobre a inclusão de serviços de *streaming* no rol dos direitos fundamentais. Inclusive, a Índia saiu na frente e instituiu a proteção constitucional ao uso da internet no país para garantir o que os cidadãos lá chamam de "direitos fundamentais on-line".[6]

Ainda estamos vendo a escalada da inteligência artificial para áreas variadas. Em breve, talvez para tudo mesmo. Enfim, não há a menor possibilidade de se pensar em negócios fora do digital. E isso não é nenhuma novidade.

---

5 GATES, B. *In*: **QUOTEFANCY**. Disponível em: https://quotefancy.com/quote/774823/. Acesso em: 7 jun. 2024. Tradução nossa.

6 SARLET, I; SIQUEIRA, A. B. O direito humano e fundamental de acesso à internet. **Consultor Jurídico**, 12 nov. 2021. Disponível em: https://www.conjur.com.br/2021-nov-12/direitos-fundamentais-direito-humano-fundamental-acesso-internet/. Acesso em: 7 jun. 2024.

Acontece que, em pouquíssimo tempo, o mercado digital evoluiu muito, tanto em quantidade de pessoas e empresas marcando presença nas redes sociais e em outros meios digitais quanto na profissionalização do uso desse canal. Então surge o paradoxo da presença digital. Você não pode ficar de fora desse ambiente e, ao mesmo tempo, está cada vez mais difícil fazer parte dele. O motivo é simples, e a biologia explica.

Pense comigo: todos os dias, milhares de pessoas abrem contas no Instagram e no TikTok, começam canais no YouTube ou em outras redes que eu nem conheço porque ela ainda não foi inventada no momento em que estou aqui, escrevendo este livro. Como ninguém vive de vento, o tempo todo alguém está querendo vender alguma coisa. São milhares de anúncios, produtos e serviços sendo oferecidos.

Em uma pesquisa realizada em 2023 pela consultoria Provokers para o livro *Desmarketize-se*, do João Branco, foram entrevistadas 1.079 pessoas, das quais 92% disseram que gostariam que acontecesse alguma mudança nas propagandas.[7] Uma das razões é o exagero. Nas mídias on-line, por exemplo, vemos atualmente cerca de 5 mil anúncios por dia, de acordo com estudos recentes. O resultado é que ninguém aguenta mais. Anúncios irritam.

O CÉREBRO É O CONTROLE REMOTO

Antigamente, mas nem tão antigamente assim, a gente fugia dos comerciais de televisão passando para outro canal na hora do intervalo do programa a que estávamos assistindo. Logo depois,

---

[7] BRANCO, J. **Desmarketize-se**. São Paulo: Editora Gente, 2023. p. 24.

aprendemos a pular os anúncios do YouTube após cinco segundos e começamos a ficar irritados quando somos obrigados a assistir àqueles vídeos inteiros de quinze segundos.

Nas redes sociais, com *feed* infinito, simplesmente arrastamos o dedo para cima quando algo tem cara de propaganda. No fim das contas, não nos lembramos de nada que se pareça com um anúncio. Nosso cérebro nos protege e nos faz ignorar aquele monte de informação. Ele é agora o nosso controle remoto natural: por mais que nossos olhos e ouvidos recebam a informação, o cérebro dá conta de as ignorar, levando-as para algum canto escondido e escuro, para nunca mais tirá-las de lá. O resultado disso é que os consumidores estão cansados, irritados e exaustos. Ninguém mais quer ver anúncios. Você não quer, eu não quero!

O lead, potencial consumidor impactado pelo anúncio, ficou mais caro porque existem centenas de milhares de empresas tentando vender para as mesmas pessoas. Segundo um estudo realizado pela plataforma especializada em dados Statista e divulgado pelo Serviço Brasileiro de Apoio às Micro e Pequenas Empresas (Sebrae), o crescimento anual do empreendedorismo digital no Brasil será de 14,6% até 2027.[8]

Em adição, a grande dificuldade de mais de 50% das empresas brasileiras é identificar as melhores estratégias de divulgação dos negócios na internet, de acordo com pesquisa da Consultoria

---

8 EMPREENDEDORISMO digital: o que é e quais as possibilidades. **Sebrae**, 29 ago. 2023. Disponível em: https://sebrae.com.br/sites/PortalSebrae/ufs/pe/artigos/empreendedorismo-digital-o-que-e-e-quais-as-possibilidades,f8190393d924a810VgnVCM1000001b00320aRCRD#. Acesso em: 7 jun. 2024.

Web Estratégica.[9] Ainda conta o fato de que, apesar de as ofertas de produtos e serviços terem crescido muito nos últimos anos, especialmente depois da pandemia de covid-19, os clientes não se multiplicaram. Eles continuam sendo as mesmas pessoas que apertavam o botão do controle remoto para mudar de canal. Então, como vender para quem não quer nem saber de conhecer o que você tem a oferecer?

VOCÊ E A SAM (SATURAÇÃO ADAPTATIVA DE MERCADO)

Se está lendo este livro, você é uma pessoa que se preocupa com o futuro. Talvez esteja tentando se antecipar às dificuldades que (já sabe) vai enfrentar para continuar relevante nesse mercado tão competitivo. Talvez você esteja enfrentando agora mesmo esses problemas.

Avalie se as situações a seguir parecem familiares:

- você não encontrou ainda um jeito de se posicionar e se diferenciar no mercado;

- não consegue chamar atenção do seu cliente ideal, apesar de fazer tudo o que ensinam por aí;

- tem se baseado na estratégia que grandes *players* usaram nas próprias marcas, mas o resultado não vem;

---

9 MAIS DE 50% das empresas brasileiras têm dificuldades em definir estratégias de marketing digital. **Nova Escola de Marketing**, 1 out. 2018. Disponível em: https://novaescolademarketing.com.br/dificuldades-em-definir-estrategias-de-marketing-digital/. Acesso em: 7 jun. 2024.

- percebe que as pessoas não se conectam com o seu negócio e, por isso, ele permanece sem reconhecimento e relevância;

- sente que falta consistência na sua mensagem, o que leva a uma percepção errada das suas ofertas;

- alguns clientes até chegam, mas não permanecem ao seu lado;

- não sabe o que fazer para se relacionar melhor com os seus atuais clientes e aumentar o engajamento deles com a sua marca.

Esses são alguns dos perrengues por que você pode estar passando. E, sinto dizer, não será aumentando a verba das campanhas de publicidade que você vai resolver esse impasse. O seu cliente tem um botãozinho no cérebro que é apertado automaticamente ao menor sinal de que o próximo post é, na verdade, um anúncio. Eu chamo esse fenômeno de Saturação Adaptativa de Mercado (SAM).

É algo que, de certa forma, já era previsto dado o acelerado crescimento digital no pós-pandemia. É uma condição que ocorre em todos os mercados altamente competitivos e dinâmicos. A grande quantidade de mensagens iguais de marketing, que usam e abusam da mesma fórmula, seguem os mesmos métodos de criação e distribuição, leva os consumidores a desenvolverem uma espécie de cegueira e surdez seletiva. Eles se tornam anestesiados e insensíveis a qualquer esforço de marketing.

No fim, os anúncios se tornam apenas uma sombra, uma espécie de "ruído de fundo", e passam totalmente despercebidos por quem a marca tanto busca sensibilizar: o público-alvo. Com o tempo, os potenciais consumidores desenvolvem uma espécie de tolerância às mensagens. É uma adaptabilidade, mas no sentido negativo. E qual é a consequência imediata disso?

Acontece a queda massiva do retorno sobre investimento (ROI) do seu negócio, o retorno sobre o gasto com anúncio (ROAS) fica muito mais baixo nas campanhas de marketing, o custo de aquisição de clientes (CAC) vai lá nas alturas. Taxas de conversão, previsibilidade, faturamento e custos entram em colapso. Experts ficam pelo caminho, e negócios com grande potencial de impacto no mundo encerram as atividades.

Enquanto isso...

OS GRANDES ESCANCARAM AS PORTAS DO DIGITAL

Por um lado, está cada vez mais difícil para qualquer pessoa ou empresa em início de operação encontrar um espaço, mínimo que seja, no digital; por outro, as grandes marcas já entenderam o potencial desse mercado e estão mudando os impérios de endereço do físico para o on-line. São negócios muito bem consolidados, marcas bilionárias, com capacidade de investir em um único dia o que muitos não teriam capacidade de gastar em anos ou décadas.

Não dá para competir de igual para igual com quem lucra cerca de nove dígitos todos os anos. Então, se você não se diferenciar, vai ser engolido por essas grandes corporações. Você precisa parar agora mesmo de se posicionar como vendedor de produtos e se posicionar como marca líder de movimento. O seu movimento.

A cada minuto que passa, o jogo vai ficando mais difícil. Cada segundo que você deixa de implementar a estratégia de marketing ideológico faz você deixar muito dinheiro sobre a mesa, sem vender e ganhar o que poderia. O mercado está se redefinindo. Ou as marcas se adaptam a essa nova realidade e prosperam ou resistem e enfrentam o risco de extinção.

O melhor momento foi ontem. O segundo melhor é agora. O terceiro talvez não exista. E isso significa o fim para você? Não, você já sabe que não. Existe um caminho. Mas, antes de ajustar a sua bússola e começar a caminhar por essa nova rota, você precisa saber muito bem onde está pisando.

A PIRÂMIDE DA CRIAÇÃO DE MOVIMENTO

Podemos entender o mercado atual ao analisar a pirâmide a seguir.

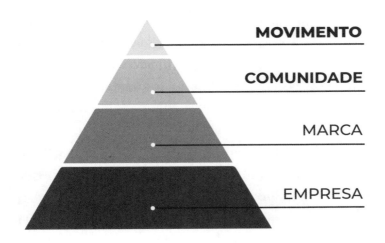

Essa estrutura representa o ponto em que os negócios de todos os nichos estão situados, de acordo com a sofisticação do próprio posicionamento. São quatro níveis; quanto mais no topo da pirâmide estiver, mais perto a empresa ou o expert estará de ser o número um no seu mercado.

O primeiro é o nível **empresa** – ou, no mercado digital, **expert**. Nesse nível, as marcas têm comunicação comoditizada, utilitária e vendem apenas a utilidade do produto. Um exemplo é uma marca de celular que comunica, em campanhas, a facilidade de fazer ligações ou enviar mensagens.

A Apple, antes de ser "A" Apple, demorou para escalar as vendas porque estava orientada pelo produto. Isso foi lá no início da operação da marca, e tudo mudou no lançamento do movimento "*Think different*" (pense diferente, em português) em um comercial emblemático. Foi ali que a empresa parou de se comunicar no nível empresa e passou a se comunicar como movimento.[10]

O segundo é o nível da **marca**. Nele, vende-se o significado do produto, a comunicação deixa de ser utilitária e se torna aspiracional. É o famoso comercial de margarina com a família feliz; o do cigarro Marlboro com um cowboy livre, belo e bem resolvido em cima do cavalo; da cerveja com mulheres atraentes na praia. Aqui, a associação é simbólica. Ao comprar o Marlboro, é como se o cliente se tornasse o cowboy másculo e charmoso.

No terceiro nível, a comunicação deixa de ser aspiracional e se torna **identitária**. Não se está mais falando para o consumidor ser alguém, e sim para **pertencer a algo**. Quem faz isso é a marca Doritos, com o posicionamento "*For the bold in everyone*" (para o corajoso que há dentro de todos, em português), que explora o conceito de que não há nada mais *bold* do que escolher ser você

---

10 THINK different: Aplle's Blue Ocean formula for success. **Blue Ocean Strategy**. Disponível em: https://www.blueoceanstrategy.com/blog/think-different-apple/. Acesso em: 7 jun. 2024.

mesmo.[11] Assim, tem uma narrativa em que convida a pessoa a escolher ser "triângulo", formato das tortilhas Doritos, como forma de autoexpressão e de se diferenciar em um mundo de "círculos".

Quando marcas fazem questão de usar uma atriz asiática ou um ator indígena, por exemplo, elas estão buscando criar identificação com uma comunidade, estão comunicando aos potenciais clientes que eles podem se juntar àquela tribo. Esse ainda não é o nível mais poderoso de comunicação, mas é bem diferente e mais impactante do que os anteriores.

Por fim, o quarto nível é o da criação de um **movimento**. Qual é a diferença da comunicação identitária para a do movimento? Na identitária, cria-se uma comunidade, fortalece-se um grupo. Na do movimento, age-se em prol de uma causa.

O quarto nível é o da comunicação **inspiracional**. Existe uma causa inspiradora que faz as pessoas se tornarem alguém e, além disso, terem um propósito maior do que elas mesmas e do que a própria marca. Exemplos de marca que estão nesse nível são Apple, Nike e Dove. Esta última criou a "Campanha pela Beleza Real" e rodou diversos anúncios promovendo esse movimento na televisão e em vários meios de comunicação por vinte anos.[12] Em nenhum momento se falou de sabonete nem das propriedades tão exploradas antes, como o fato de ter um terço de creme hidratante.

---

11 FOR the bold in everyone. **Clube de criação**, 31 jan. 2024. Disponível em: https://www.clubedecriacao.com.br/ultimas/for-the-bold-in-everyone/. Acesso em: 8 jun. 2024.

12 SOUSA, A. A campanha pela Beleza real da Dove nasceu há 20 anos e o compromisso da marca mantém-se. Agora o alvo é a IA. **Público**, 30 maio 2024. Disponível em: https://www.publico.pt/2024/05/30/impar/noticia/campanha-beleza-real-dove-nasceu-ha-20-anos-compromisso-marca-mantemse-alvo-ia-2089099. Acesso em: 8 jun. 2024.

> O MELHOR MOMENTO FOI ONTEM. O SEGUNDO MELHOR É AGORA. O TERCEIRO TALVEZ NÃO EXISTA.

Quando houve a mudança de eixo da comunicação de produto para comunicação de movimento, a Dove passou a vender a causa da real beleza feminina e se destacou da concorrência pelo preço e pelo espaço nas gôndolas dos supermercados.

Movimento – o último nível da pirâmide – é o principal pilar do marketing ideológico. As empresas que não vendem só produtos, mas também uma ideologia, uma percepção de mundo ou causa maior, vendem muito mais do que quem só anuncia os benefícios do produto. Essas marcas que comunicam um movimento constroem maior percepção de autoridade no mercado, permanecem por mais tempo lucrativas, têm mais solidez e acabam sendo as mais respeitadas.

Movimento é tudo aquilo que move multidões e entra na história. É o fenômeno que explica revoluções, grandes marcas, Jesus Cristo, e até mesmo o nazismo... Parece exagerado para você? Calma. Respire fundo, pegue uma água, um chá ou um café e se prepare, porque estamos apenas começando.

02 O QUE NOS MOVIMENTA

Vou confessar: do lado de cá, estou pensando no que você está achando de tudo até aqui. Não julgo caso você ainda tenha desconfianças. É bem provável que exista uma voz aí na sua cabeça dizendo: "Essa conversa toda é muito louca, gigantesca, ultraprofunda. Pode existir uma única teoria que explique tudo o que existe, do sucesso das grandes marcas às revoluções que mudaram a história?". Outra pergunta que deve estar piscando como um letreiro luminoso aí na sua mente é: "Na prática, isso de fato funciona para mim e para o meu negócio?".

Eu não sei o que você faz ou vende – talvez tenha uma escola de inglês ou de japonês, ofereça mentorias de transição de carreira, ensine as pessoas a fazer micropigmentação de lábios e sobrancelhas ou ajude mães solos a fazer intercâmbio e levar os filhos na viagem. Realmente, não sei em qual área você empreende, mas tenha calma, pois tudo se resolve com clareza e método.

Seria muito mais complexo você ler os mais de 160 livros que eu li para desenvolver essa metodologia enquanto lida com os compromissos do dia a dia, como vender, gerenciar o seu time, criar conteúdo e expandir o seu negócio. A boa notícia é que o que eu ensinarei a você funciona para qualquer negócio que interaja com pessoas, já que a criação de movimento é algo que, antropologicamente, trata daquilo que é mais profundo no ser humano: a vontade inata de demarcar e fortalecer a própria identidade e a necessidade de pertencimento; ou seja, o desejo de fazer parte de algo maior com seus iguais.

AS EMPRESAS QUE NÃO VENDEM SÓ PRODUTOS, MAS TAMBÉM UMA IDEOLOGIA, UMA PERCEPÇÃO DE MUNDO OU CAUSA MAIOR, VENDEM MUITO MAIS DO QUE QUEM SÓ ANUNCIA OS BENEFÍCIOS DO PRODUTO.

A individualidade está, na verdade, ligada ao grupo, por isso as pessoas se expressam por meio do consumo de maneira coletiva. Suas escolhas do cotidiano, desde a marca de sabonete que usa, as roupas, o tipo de comida que consome até o seu carro e a sua casa evidenciam a sua personalidade. Em contrapartida, a forma como você gasta o seu dinheiro é mimética, moldada pelo ambiente e pelo grupo ao qual pertence. Por isso, a criação de movimento funciona para qualquer nicho de mercado ou porte de empresa.

Alan Spadone, empresário e atualmente proprietário da maior academia de design de sobrancelhas e micropigmentação da América Latina, hoje, tem mais de 180 mil alunos em mais de vinte países. Ao ter acesso à minha metodologia, Alan fez alguns ajustes bem simples e reposicionou toda a comunicação do negócio dele. Com isso, deixou de se comunicar como empresa e como marca e passou a se comunicar como o criador de um grande movimento. Agora, o que ele vende não é diretamente o ensino de micropigmentação de lábios e sobrancelhas, e sim, uma causa: a decisão de dar certo.

Quando a pessoa decide ser próspera como artista, ela conquista todos os sonhos e tem liberdade para ser e fazer o que quiser, vivendo uma vida muito mais feliz e abundante. No caso do Alan, a micropigmentação e o design são apenas as ferramentas para concretizar a decisão de dar certo na carreira. Hoje, ele tem uma comunidade forte e altamente engajada, a "Família AS". Os resultados o levaram a palestrar em vários países e ser referência mundial na área.

Ele reconhece que nada disso teria acontecido se não fosse o foco na criação de um movimento, na comunicação destemida de uma causa e na definição de uma comunidade pulsante e muito comprometida.

A MARCA QUE NÃO VENDE (APENAS) TÊNIS

Você provavelmente já conhece a Nike. A empresa foi criada em 1964 pelos estadunidenses Bill Bowerman, treinador de atletismo, e Phil Knight, ex-atleta da modalidade. Originalmente, o nome da companhia não era o que a gente conhece hoje, era Blue Ribbon Sports (BRS).

No começo, o foco da empresa — e a obsessão do fundador — era desenvolver calçados que pudessem melhorar a performance dos atletas nas corridas. Por isso, ele alterava as características dos calçados disponíveis com a ajuda de um sapateiro local. Vendendo bons produtos, a marca cresceu, mas a expansão mundial aconteceu apenas após 1978, quando a empresa precisou mudar de nome por conta de uma disputa judicial.

Acatando a sugestão de um funcionário, decidiram nomear a companhia com uma palavra que remetesse à deusa grega da força, da velocidade e da vitória, Nice, Níkē ou Niké, e adotar o símbolo *swoosh* para transmitir movimento e lembrar a personagem alada da mitologia.

A mudança começou no visual e avançou na mensagem. Ao incorporar o slogan *"Just do it"* (apenas faça, em português), a marca passou a comunicar um movimento forte. *"Just do it"* trata de superação, e é isso o que a Nike vende atualmente, muito mais do que roupas esportivas ou tênis para a prática de esportes. O slogan comunica, de modo simbólico, que toda pessoa pode se superar apenas fazendo o que precisa ser feito. Esse é o grande movimento pelo qual a Nike se engaja.[13]

Ao longo do tempo, outras mensagens reforçaram o posicionamento, entre elas: "se você tem um corpo, você é atleta", "um sapato é apenas um sapato até que alguém o calce", "acredite em alguma coisa, mesmo que signifique sacrificar tudo". Por conta da comunicação desse movimento engajado no valor da superação pessoal, a empresa construiu uma comunidade global de fãs devotos e fiéis e conseguiu superar, em rentabilidade, outras empresas gigantes do ramo de roupas e calçados esportivos.

SALLVE A SUA PELE

Não, não tem nada errado com o verbo no intertítulo acima. Sallve se escreve assim mesmo, com a letra L duplicada, e é o nome da marca de cosméticos que mais tem crescido no Brasil nos últimos anos, incomodando inclusive as gigantes O Boticário e Natura.

A marca é uma legítima nativa digital e iniciou as atividades com venda direta de produtos para pele em 2019. Hoje, porém, não se restringe ao *e-commerce* próprio. Em pouquíssimo tempo, a empresa captou investimentos multimilionários, expandiu as

---

13 CRIADOR da Nike revolucionou marketing com culto à marca. **Terra**. Disponível em: https://www.terra.com.br/economia/meu-negocio/criador-danike-revolucionou-marketing-com-culto-a-marca,5d74a7c1c9f696d4af3b4213d256e9240ebsRCRD.html# Acesso em: 7 jun. 2024.

fronteiras para outros países, comprou os direitos e resgatou a antiga marca Contém 1g, e colocou os produtos nas prateleiras das maiores redes de farmácias do país. Os sócios, entre eles a influenciadora Julia Petit, têm o ambicioso plano de fazer a marca se tornar a maior da categoria em dez anos.[14]

Como uma empresa que nasceu há poucos anos, vendendo apenas um produto, que era um hidratante facial, cresceu de maneira tão acelerada e sólida? E mais: como conseguiu se estabelecer de vez no coração das consumidoras millennials e da geração Z? A resposta rápida: por meio de um movimento.

Desde o primeiro dia, mesmo antes de existir qualquer produto à venda, os fundadores entenderam que venderiam uma mensagem forte em uma comunidade engajada. O mantra da marca é "viva a sua pele", por trás do qual está a defesa do cuidado com a pele real, contra a "beleza editada" e inatingível. Além disso, o slogan "conversas sinceras, escolhas seguras e fórmulas incríveis" revela o propósito de cocriar, de verdade, os produtos a partir da necessidade real do público. E isso não é da boca para fora. Os produtos são criados e lançados apenas após uma "conversa" com a comunidade. Assim nasceu um hidratante antiatrito para pernas, algo que não tinha fama no mercado e hoje é um dos mais vendidos. Esse processo cria fórmulas mais acertadas ao momento do consumidor e gera uma relação de pertencimento com a marca.

---

14 FLORES, J. Petit, a grande. **Universa**, 20 mar. 2021. Disponível em: https://www.uol.com.br/universa/reportagens-especiais/a-poderosa---julia-petit/. Acesso em: 10 jun. 2024.

E OS PEQUENOS?

Como eu disse, o método funciona para empresas de qualquer porte, em qualquer contexto, a qualquer tempo. E eu posso provar. Talvez você ainda não seja grande no mundo dos negócios. Talvez tenha uma pequena empresa ou seja um profissional liberal, fisioterapeuta, maquiadora, arquiteto, dona de uma padaria artesanal... O método funciona para você também, em qualquer um desses casos. Você não é um peixe grande, mas pode se tornar um em tempo recorde seguindo os princípios do marketing ideológico.

Vou contar a história real de um cliente. Por questões estratégicas, não vou revelar o nome verdadeiro, então vamos chamá-lo de João. Ele era um dentista bem-sucedido e querido na cidade em que atuava, mas vivia limitado pelo tempo. Ele vendia o que a maioria dos dentistas vende: limpeza bucal, clareamento dentário, controle de cáries. Hoje, ele está a alguns passos de se tornar uma das maiores referências do país ao pivotar toda a comunicação dele. Agora ele fala com uma comunidade de dentistas, mostra que eles podem cobrar mais pelos serviços que prestam porque não são apenas "tiradores de cáries", e sim "arquitetos do sorriso", afinal, o sorriso é a maior manifestação de felicidade e bem-estar de uma pessoa. Quem sorri está de bem com a vida, e quem ajuda alguém a resgatar o próprio sorriso devolve a leveza e até a saúde mental a essa pessoa.

Esse é o movimento do João.

O MEU MOVIMENTO

Já eliminei as suas desconfianças? Ainda tem uma pergunta rondando a sua cabeça aí? "Por que ele está entregando tudo isso assim, em um livro que posso ler em menos de uma semana e que custa menos de 100 reais?". Por que eu não continuo guardando isso a sete chaves e vendendo caro – como tenho feito – para os meus clientes?

Esta é mais uma resposta direta e sincera: porque esse é o meu movimento. Sim, é metalinguístico. Disseminar o poder do movimento é o meu movimento. E não posso fazer isso sozinho. Eu preciso de você.

O grande motivo pelo qual eu decidi ajudar empresários a criar movimentos é porque nós temos o poder de transformar o Brasil em tempo recorde. Faremos isso por meio da educação e do empreendedorismo. Meu objetivo é democratizar essa ferramenta para que idealistas sejam eternizados, para que se tornem líderes de movimento absolutos nos próprios mercados, empregando milhares de pessoas, gerando milhões de reais, pagando milhões em impostos e melhorando, pouco a pouco, a vida neste país e no mundo.

Tudo o que aconteceu de mais incrível até aqui, tudo que foi mais marcante para a história, ocorreu por conta de um idealista que decidiu levantar a voz. Eu acredito que a melhor forma de fazer isso é construindo uma empresa sólida e de valor. Empresas, para mim, são mecanismos para que revoluções possam emitir nota fiscal. É com esse movimento que vamos criar um Brasil respeitado e admirado.

Por que, apesar da nossa conhecida criatividade, ainda não temos Apples ou Nikes brasileiras? Por que o mundo não fala das nossas empresas, por mais disruptivas que sejam? Porque existe uma crise nacional na cultura. Nós mesmos nos apequenamos, desacreditamos, ficamos presos ao complexo de vira-lata. Isso se reflete no exterior e faz o restante do planeta nos associar apenas à festa, futebol e Carnaval. Só que, como dizia Martin Luther

> **TUDO O QUE ACONTECEU DE MAIS INCRÍVEL ATÉ AQUI, TUDO QUE FOI MAIS MARCANTE PARA A HISTÓRIA, OCORREU POR CONTA DE UM IDEALISTA QUE DECIDIU LEVANTAR A VOZ.**

King Jr., "o que me preocupa não é o grito dos maus, e sim o silêncio dos bons".[15]

Então, minha parte é mostrar o caminho, iluminar a rota para que a travessia para o lado de lá – o lado dos vanguardistas e revolucionários bem-sucedidos – seja mais previsível e segura. Quero que os idealistas tenham uma voz potente. E, mais do que voz, quero que tenham lucro. Porque toda revolução precisa ser bancada.

Eu preciso que a sua empresa dê certo para que a sua mensagem chegue a mais pessoas. É nisso que eu acredito, é isso que eu vejo. Todo idealista que escolhe servir, ser visto e lembrado ganha um capítulo no grande livro da história.

Então, comecemos!

---

15 KING, M. L. *In*: PENSADOR. Disponível em: https://www.pensador.com/frase/MTAwMDY/. Acesso em: 10 jun. 2024.

03
O MARKETING IDEOLÓGICO

Muitos e muitos séculos atrás, provavelmente por volta de 250 a.C., um rei e um sábio estavam conversando. O rei era Hierão, soberano de Siracusa, na Sicília, e o sábio era Arquimedes, o maior matemático da Antiguidade.

O rei tinha um problema: Siracusa estava em guerra, e era preciso mover rapidamente para o mar um grande navio, cheio de armamentos e soldados, para defender o território contra o cerco inimigo. Só que a tarefa era quase impossível, porque nem centenas de homens conseguiam mover todo aquele peso na velocidade que era necessária.

Arquimedes então ordenou que fosse colocada embaixo do navio uma engenhoca com cordas e polias. Assim, o navio foi movido de modo tão suave como se estivesse sobre a água. Arquimedes usou o princípio da alavanca, que ele mesmo havia descoberto, para multiplicar a força ao levantar o navio com o mínimo esforço. Naquele dia, o sábio disse ao rei: "Dê-me uma alavanca e um ponto de apoio, e eu moverei o mundo!"[16]

Para criar um movimento por meio do marketing ideológico, são necessárias três alavancas capazes de levantar qualquer negócio e o levar a lugares aos quais não chegaria sem essa força. O mecanis-

---

16 ARQUIMEDES. *In*: PENSADOR. Disponível em: https://www.pensador.com/frase/MTUzMTA4/. Acesso em: 10 jun. 2024.

mo que eu chamo de **Tríade do Marketing Ideológico** é capaz de fazer uma empresa crescer a uma velocidade sem precedentes, com menor custo, mais lucro e maior tempo de vida (LTV – *lifetime value* –, ou seja, o retorno financeiro que cada cliente gera para a empresa ao longo do tempo).

Anote aí: **criação de movimento**, **ecossistema de comunidade** e **funis de doutrinação**. Esses são os três pilares (ou alavancas) do marketing ideológico. Aqui vou apresentar um *overview* de todo o método. Não se assuste, é muita coisa. Ao longo dos próximos capítulos, cada detalhe vai ser esmiuçado, e você poderá fazer exercícios para, ao final, ter todos os elementos para descobrir qual é o seu movimento e como levá-lo adiante. Antes, porém, é bom que você entenda o verdadeiro significado da palavra **ideologia**.

"IDEOLOGIA, EU QUERO UMA PRA VIVER!"[17]

Imortalizada na voz de Cazuza, essa frase dá o tom do que quero dizer com ideologia quando criei o marketing ideológico. A primeira coisa que talvez venha à sua mente é que ideologia é algo errado, coisa de gente que quer manipular os outros, mas essa é uma visão errônea e limitada do termo.

Ideologia vem do grego *idea* (percepção, aparência) e *logos* (estudo, raciocínio, reflexão). Então, ideologia nada mais é do que uma reflexão sobre uma percepção. O filósofo francês Destutt de Tracy foi o primeiro a atribuir um significado sistematizado à palavra "ideologia", no século XVIII, chamando-a de

---

17 IDEOLOGIA. Intérprete: Cazuza. *In*: IDEOLOGIA. Rio de Janeiro: Philips Records, 1988. Faixa 1.

ciência das ideias.[18] Para a sociologia moderna, então, esse termo refere-se ao sistema de ideias sustentadas por um grupo social, as quais refletem, racionalizam e defendem os próprios interesses.

No mundo das marcas, ideologia é uma visão da realidade que a pessoa, a instituição ou a empresa defende. Quanto mais forte é essa visão compartilhada por uma comunidade ligada a uma marca, mais a empresa consegue escalar sua mensagem e, portanto, suas vendas. Quanto mais essa ideologia congrega pessoas que se conectam às ideias defendidas, mais fiéis e engajados são os consumidores.

Se você observar as grandes marcas da atualidade, aquelas que mais crescem e faturam, como Apple, Nike e Amazon, assim como os *players* do mercado digital que mais se destacam, vai perceber que todos eles vendem exatamente isto: uma ideologia. É a ideologia da Apple que faz um sujeito ficar horas e horas na fila em frente a uma loja da marca para ser o primeiro a comprar o último lançamento de iPhone – mesmo este podendo não ser o melhor smartphone do mercado em quesito de qualidade técnica na opinião de muitos...

Ter um produto bom e uma entrega excelente não é mais nenhum diferencial – é obrigação de qualquer empresa para estar no mercado. Então, se você tem um negócio que se preocupa não só com a sobrevivência no mercado, mas com o crescimento, e se tem comprometimento real com o seu cliente, vai precisar desenvolver uma ideologia de marca.

E é daí que nasce, também, o conceito de marketing ideológico. Por meio dele, a sua marca passa a comunicar uma visão de mundo específica, uma percepção única da realidade, um sonho

---

18 LEAL, B. Antoine Destutt de Tracy: o "pai" do termo ideologia. **Café História**, 5 mar. 2018. Disponível em: https://www.cafehistoria.com.br/o-pai-do-termo-ideologia/. Acesso em: 11 jun. 2024.

coletivo associado aos seus produtos e serviços. Tudo isso se torna o motivo pelo qual as pessoas vão seguir e amar o que você vende ou faz. Simplesmente porque é mais do que uma relação comercial de compra e venda, é uma relação de pertencimento, de compartilhamento de ideias e ideais.

O MARKETING IDEOLÓGICO

Antes de explicar os pilares do marketing ideológico, preciso situar você no mundo de hoje. Acredito que seja algo que você já sabe e vive todos os dias, mas é bom lembrar o contexto em que estamos.

O mercado está cada vez mais saturado, e a concorrência, mais faminta e feroz. É como se você estivesse em uma savana onde várias espécies de animais se enfrentam por um único tipo de alimento. O leão tem a vantagem da força e do rugido estrondoso, por isso ele domina a savana. Os outros animais, medrosos, não só ficam sem comida como também se tornam presa fácil para ele.

Segundo uma pesquisa revelada pela revista *Exame*, em 2021 houve aumento expressivo no número de empreendedores brasileiros.[19] Como resultado desse *boom* empreendedor, veio a dificuldade de se diferenciar e o desafio de reter clientes.

O mercado, como o conhecemos, está se redefinindo. Ou as marcas se adaptam à nova realidade e prosperam, ou resistem e enfrentam o risco de virar comida de leão. Sim, eu sei que é difícil acompanhar todas as mudanças, ainda mais para quem está dando os primeiros passos no mundo dos negócios.

---

19 BRASIL bate recorde de novos negócios em 2021. **Exame**. Disponível em: https://exame.com/pme/brasil-bate-recorde-de-novos-negocios-em-2021/. Acesso em: 11 jun. 2024.

Eu sei que o sentimento é de que nada vai dar certo, de que por mais esforço que se faça, nunca vai ser o suficiente para competir com os grandes. Porém, é aí que vem a maior sacada de todas: se você fizer o que todo mundo está fazendo, você não se diferencia. Se você não se diferencia, é engolido pelas feras. Sempre vai existir alguém mais inteligente que você, com mais recursos e mais poder que você. Não dá para mudar isso!

Então como furar a bolha e se destacar? Sendo o porta-voz de uma ideologia forte e impactante. O marketing ideológico se baseia na criação de um movimento forte e transformador, algo que congrega, agrega, se torna um catalisador de ideias e ideais para um grande número de pessoas e faz o seu negócio se transformar em referência absoluta e inquestionável no mercado. Agora, sim, voltemos aos três pilares do marketing ideológico.

PILAR 1: CRIAÇÃO DE MOVIMENTO

Esse é o princípio mestre, o que vai nortear todo o processo de implementação de uma ideologia dentro da marca. O foco aqui não é apenas o cliente. Ele tem que receber sempre o melhor e ser bem atendido e ponto-final. Isso é uma obrigação de todo negócio, não um diferencial de mercado.

O foco também não é o produto. O produto tem de cumprir o que promete, ter qualidade e ser muito bom. Isso é o mínimo. O foco desse novo marketing é construir um movimento com uma causa forte, uma ideologia consistente e relevante para a sociedade, que promova uma transformação que transcenda o cotidiano e esteja ligada aos desejos do seu público-alvo. Quando você consegue fazer que as pessoas sonhem juntas o mesmo sonho, você cria algo maior, que fala com almas, e não apenas com cérebros.

Em breve, você vai entender mais profundamente a criação de movimento, descobrir qual é o seu e como implantá-lo agora mesmo na sua empresa. Por ora, preciso apenas que você saiba que todo movimento tem quatro princípios:

1. um grande ideal;
2. um inimigo ameaçador;
3. um líder forte;
4. uma comunidade engajada.

Com esses "ingredientes", você tem um movimento forte. Se faltar um deles, o movimento se enfraquece. Fique tranquilo, que ainda vamos falar muito disso!

PILAR 2: ECOSSISTEMA DE COMUNIDADE

Esse é o primeiro princípio auxiliar para a criação e a sustentabilidade de um forte movimento de marca. O ecossistema de comunidade tem ferramentas e mecanismos para transformar os seus clientes em fiéis; os fiéis em evangelizadores; e os evangelizadores em novos líderes de movimento, para que o sistema se perpetue.

Para que uma comunidade surja e se fortaleça, são necessárias três engrenagens, que eu chamo de **Sistema MRD**:

- Mito;
- Rito;
- Doutrina.

De novo: você vai entender como aplicar cada um desses pontos na sua comunicação de marca ao longo dos próximos capítulos.

Outra coisa importante sobre o ecossistema de comunidades é a forma como os produtos são criados. Sabe a metáfora do jardim? Nela, é reforçada a importância de ter um jardim repleto de flores diferentes, vistosas e coloridas, capazes de atrair as borboletas que você quer por perto. A sua empresa precisa ser o jardim que oferece tudo o que o seu cliente precisa dentro daquele segmento. Assim, ele não terá motivos para procurar outras flores em outros jardins, vai ficar sempre ali, junto de você – assim como o dinheiro dele.

Por exemplo, se você tem uma empresa de educação on-line e vende um produto digital principal, em vez de batalhar por novos clientes para esse produto, deve concentrar esforços para criar ofertas para os clientes que você já tem. Por que isso é válido? Bem, quando o seu cliente resolve o problema dele, ele "avança" na sofisticação das necessidades.

No caso do produto educacional, depois de ter adquirido aquele conhecimento, o cliente vai buscar novos, ainda mais específicos. Se você não os oferecer, ele vai buscar em outro lugar. Se você os oferece, cria um ecossistema autossustentável que faz esse cliente nunca mais querer sair de perto de você. Assim, a sua marca vai crescendo e se desenvolvendo com a comunidade, e você mantém o seu LTV lá no alto.

O cliente fica tão feliz que, além de se tornar fiel, vira um evangelizador, indicando o seu negócio para mais gente e levando mais membros para a sua comunidade, que só cresce mais e mais. Esse mesmo mecanismo vale para todo e qualquer produto ou serviço, do mais simples, como um sabonete da Dove, por exemplo, ao mais complexo, como carros de luxo da Ferrari.

PILAR 3: FUNIS DE DOUTRINAÇÃO

O terceiro princípio é a construção de funis de doutrinação. Para os compreender, é preciso entender o que são funis de vendas tradicionais, nos quais a estratégica consiste em usar o marketing para elevar o nível de consciência da pessoa o mais rápido possível e vender para ela no primeiro contato. Eu não acredito nisso! Isso não funciona por muito tempo e não ajuda a criar uma comunidade nem fortalecer um movimento.

Eu acredito em preparar o potencial cliente, conectá-lo com as crenças da sua marca e com o seu movimento para depois vender para ele. Primeiro, a gente cria fiéis. Depois os transforma em clientes. É desse jeito que a sua narrativa vai ser ouvida e lembrada, que as suas mensagens serão relevantes e que os seus produtos terão mais valor intrínseco. Pessoas ideologicamente conectadas a uma história, uma causa, um objetivo comum, tendem a comprar mais rápido e mais vezes da mesma marca.

Então, o funil de doutrinação é um tipo de funil de vendas que busca, além de elevar o nível de consciência para conhecimento do produto, conectar ideologicamente o potencial cliente com a mensagem central do negócio para que ele se sinta parte daquela comunidade e, portanto, prefira consumir daquela marca ou daquele produtor de conteúdo.

Quando a pessoa se conecta com os valores, os princípios e as crenças de um negócio, ela se sente muito mais segura de tirar o dinheiro do próprio bolso para o colocar no caixa da empresa que ela escolheu por se sentir representada. No fim das contas, tudo está relacionado a esse sentimento! As pessoas compram de quem mais as representa.

Aposto que você já deixou de comprar um curso digital de um infoprodutor que não tem os mesmos valores que você, que não compartilha as mesmas crenças e talvez até vote em políticos que você detesta. Estou certo? Se você é fã da Apple, por outro lado, não vai se importar se a bateria do iPhone durar menos que a do concorrente nem vai comparar preços e modelos na hora de trocar de aparelho. Você simplesmente vai comprar o modelo mais novo porque, em algum momento, você se sentiu parte do movimento da marca.

Conectando tudo isso (criação de movimento, ecossistema de comunidade e funis de doutrinação), você completa o ciclo do marketing ideológico e passa a vender muito mais do que produtos ou serviços. Passa a vender sentimentos, um estilo de vida, uma ideologia, um porquê.

Temos muito trabalho pela frente. Vou ajudar você a entender profundamente cada um desses conceitos e depois explicar como os aplicar no seu negócio. Você pode começar esse processo antes mesmo de terminar de ler este livro, implementando as mudanças à medida que vai descobrindo esse universo fabuloso e mágico do novo marketing que transforma vidas, negócios e os leva a um patamar inimaginável.

Na próxima página, você vai começar pelo óbvio, pelo começo, e vai ser capaz de responder à pergunta: "Qual é o meu grande ideal?".

04
O GRANDE IDEAL

Gostaria que você conhecesse a Maiucha Scheffer. Eu a vi pela primeira vez em uma tela de celular. Eu estava passando uma temporada em uma casa de campo entre a Praia do Rosa e a Serra do Mar, em Florianópolis, Santa Catarina. Do nada, resolvi fazer uma transmissão ao vivo pelo Instagram.

Tinha uma floresta linda em volta, e eu me sentei no chão, arrumei o tripé, abri o aplicativo no celular e comecei a fazer a *live*. Faço isso sempre para trocar uma ideia com a minha audiência – é um dos meus rituais de marca. Às vezes, convido pessoas da audiência para entrar ao vivo comigo e conversamos sobre os projetos e os desafios de negócio delas. Foi o que eu fiz naquele dia.

A Maiucha aceitou o convite, e nem um de nós imaginou, naquele momento, que estaríamos ligados de maneira tão profunda tempos depois. Ela me contou as dificuldades que estava enfrentando como criadora de conteúdo, e eu a ajudei com uma consultoria gratuita. Com um pouco de conversa, consegui entender o negócio dela e a fiz encontrar a clareza sobre qual era verdadeiramente o seu movimento.

A sua comunicação estava um pouco confusa e nada diferenciadora. Ela falava sobre ser forte por causa de antigos abusos, empoderamento feminino, dores emocionais que não cicatrizam, entre outros dramas. Em certo momento, perguntei: "Como tem sido, para você, se relacionar com a sua própria dor?". Ela prontamente respondeu: "É a minha dor que me faz ser amada". Explicou que dor é indissociável dela, por isso ela assume esse desconforto como parte de si.

Naquela hora, me veio à cabeça a frase que seria o mantra do movimento dela: "Sua dor faz você ser amada". Ela ficou impactada na hora pela beleza da descoberta, que ressoou lá no fundo. Maiucha acabava de descobrir o grande ideal dela. Mas era hora de encerrar a *live*, então finalizamos nossa conversa e seguimos com a vida.

Alguns meses depois, ela foi ao evento de lançamento da minha comunidade. Havia cerca de duzentas pessoas na plateia, e foi de lá que ela pegou o microfone para dizer que o movimento dela ia virar um livro. O título seria *DNA do feminino*. Pensei e falei: "Que nome péssimo! Totalmente genérico. Por que você não coloca o nome do seu grande ideal?'. Então sugeri mudar para *Sua dor: um manifesto sobre a história de todas nós*.[20] Naquele momento, aquela frase comoveu todos os presentes, especialmente as mulheres. Todos aplaudiram, a cena foi linda.

Sei que isso aconteceu porque o movimento era verdadeiro e por isso ecoou no coração de quem estava ali. Quando você descobre o verdadeiro grande ideal do seu negócio e se enche de coragem para o levar ao mundo, você ativa uma chama no coração de milhares de pessoas. E essas pessoas entendem que estavam ali, o tempo todo, esperando você. Quando isso acontece, é bonito demais de ver!

QUAL É O SEU GRANDE IDEAL?

Antes de qualquer coisa, você deve estar se perguntando: o que é o **grande ideal**? Ele é o mantra central de qualquer movimento.

---

20 SCHEFFER, M. **Sua dor**: um manifesto sobre a história de todas nós. Curitiba: publicação independente, 2024.

Existe um padrão nos grandes movimentos da humanidade. Em absolutamente todos eles, há uma frase que sintetiza tudo. Eu analisei centenas de movimentos e percebi que sempre há uma frase de impacto, um slogan ou uma sigla que revela, em poucas palavras, tudo em que aquela comunidade acredita. É o grito de guerra. É como um bordão cantado aos berros pelas tropas em campo de batalha. Nesse caso, a batalha é por mentes e corações de cada serzinho que forma uma comunidade.

O grande ideal é composto daquelas poucas palavras escritas em um boné, que estampam uma camiseta ou servem de assinatura no fim de e-mails. Quer exemplos?

- "Brasil acima de tudo, Deus acima de todos." Foi o mantra que ajudou a eleger Jair Bolsonaro como presidente em 2018.

- "50 anos em 5." Slogan do ex-presidente Juscelino Kubitschek na década de 1950, que prometia progresso e a construção da nova capital do Brasil, Brasília.

- "Proletários de todos os países, uni-vos!". O grito de guerra do movimento comunista mundial.

- "*Just do it.*" É o chamado da Nike que quer dizer "levante-se, mexa-se, você consegue!".

- "*For Real Beauty.*" O grande ideal da marca Dove, que deixou de vender apenas sabonetes para se engajar na luta pela beleza real das mulheres.

- "*Think different.*" É mais do que o estilo de vida proposto pela Apple. Transcende qualquer produto e provoca o público engajado.

- "Educação financeira para desfuder a nação." É o que prega a influenciadora digital e dona do maior canal de finanças do mundo, Nathalia Arcuri.

- "Servir, ser visto e ser lembrado." É o meu – e agora nosso – grande ideal.

Para resumir, o grande ideal de um negócio é a máxima em que todos na comunidade acreditam. É o caminho para onde se dirigir. É o código de conduta da tribo. É algo infinito, pelo qual cada pessoa que adere ao movimento lutará com as garras à mostra. Representa tudo o que você faz, o que a sua luta representa, o que você acredita e defende do céu ao inferno.

Alexandre, o Grande

Se você não faltou às aulas de História ou se assistiu à minissérie da Netflix,[21] deve conhecer Alexandre Magno, mais conhecido como Alexandre, o Grande. Ele foi um grande conquistador e desbravador, muito antes do período cristão. Se isso não for um grande legado, não sei mais o que é.

---

21 ALEXANDRE: O nascimento de um deus [Minissérie]. Direção: Tony Mitchell; Hugh Ballantyne. EUA, Reino Unido: Lion Television; Talifeather Productions, 2024. Netflix. Disponível em: https://www.netflix.com/br/title/81325194. Acesso em: 2 jun. 2024.

Caso precise de um refresco na memória, vou apresentar o querido Alexandre. E você já vai entender por que ele foi o primeiro criador de um grande movimento, com um grande ideal muito bem pensado e divulgado.

Vamos voltar no tempo, especificamente em 336 a.C., quando um garoto de apenas 20 anos assumiu o trono da Macedônia, no lugar do pai que tinha sido brutalmente assassinado. O rapaz já era um privilegiado. Foi um príncipe muito bem tratado, aprendeu a arte da guerra, sabia manejar armas e foi educado por ninguém menos que o filósofo Aristóteles.

Ao se sentar no trono, Alexandre percebeu que queria mais. Ele tinha uma ideia clara em mente: queria expandir os domínios territoriais até os confins do mundo e "ao grande mar exterior", ou seja, cada pedaço de chão conhecido naquela época. E foi o que ele fez. Saiu em marcha com o seu exército com o propósito de derrotar a Pérsia, a maior nação daquele tempo, e seu arqui-inimigo, o rei Dario III.

Um adendo: precisamos lembrar que o antigo império persa se estendia por quase todo o mapa-múndi da época, com quase 8 milhões de quilômetros quadrados, situado em três continentes: a Ásia, a África e a Europa.

Batalha após batalha, usando não apenas as habilidades de um grande estrategista militar, mas também sua excelente oratória, inteligência, perspicácia e seu senso de "marketing político", Alexandre foi ampliando o território até derrotar Dario e conquistar toda a Pérsia.

Em uma das incursões, ele chegou ao Egito e, sem usar a força, foi declarado faraó – título de poder máximo, representante do deus sol Hórus. Ele conquistou isso não com guerra, mas com respeito.

O GRANDE IDEAL 61

Usou a diplomacia e o poder das palavras, já que ele prometia a libertação do Egito da tirania da Pérsia.

Alexandre foi, provavelmente, o primeiro a trabalhar a própria marca pessoal, a criar para si uma *tagline*, autointitulando-se "o Grande", e a criar um mantra, um grande ideal que o impulsionou a conquistar quase todo o mundo conhecido no século IV antes de Cristo.

A frase de impacto mais usada por ele era "nada é impossível para aquele que persiste". Para reforçar essa crença, ele ainda espalhava por onde estivesse outras mensagens, como: "vence o medo e vencerás a morte", "nem o céu admite dois sóis, nem a terra dois senhores", "prefiro uma vida curta e gloriosa a uma vida longa e sem sentido".[22]

A pergunta que eu e você devemos fazer agora é: teria esse legado resistido ao tempo se não fosse um grande ideal para dar força a um grande movimento, incontestável por milênios? Se vivesse hoje, Alexandre seria um grande expert e estrategista de marketing e, certamente, continuaria inspirando pessoas e construindo grandes impérios por meio do grande ideal que tinha.

QUAL É A LÓGICA DO GRANDE IDEAL?

A lógica é resumir em uma única frase de efeito, um slogan ou uma sigla tudo em que a sua comunidade acredita de modo mais visceral. Para encontrar essas palavras, eu faço uma pergunta para os

---

[22] ALEXANDRE, o Grande. *In*: PENSADOR. Disponível em: https://www.pensador.com/frase/MzQ2NTM2NQ/. Acesso em: 11 jun. 2024.

meus clientes: "Se você estivesse com uma arma apontada para a sua cabeça, uma câmera na sua frente transmitindo seus últimos momentos ao vivo para 8 bilhões de pessoas e precisasse dizer para o mundo uma única frase antes de morrer, o que falaria?". Essa frase é o seu legado. É a crença mais importante do seu movimento, o que move você e que dá coragem para mover multidões.

Vamos falar mais um pouco da Apple. Pense na frase *"Think different"*. Não é só o slogan da companhia, é a ideologia do negócio, é a filosofia maior. Na Apple, o design de produtos é diferente, a sede da empresa é diferente, o jeito como os funcionários são tratados é diferente, a maneira de pensar o mercado e fazer lançamentos é diferente. Não é só um marketing bem-feito, é um jeito diferente de enxergar a realidade.

O grande ideal, então, serve para resumir a ideologia de uma marca ou de um expert do mercado. É a identificação verbal e linguística dessa visão compartilhada. Lembre-se: uma ideologia é uma maneira de ver o mundo, mas, para ajudar a estabelecer um movimento, ela precisa ser clarificada, reduzida a uma ideia tão simples que chega até quase ser óbvia. É preciso tirar toda a complexidade dela, porque o que é complexo não escala.

O movimento *Black Lives Matter* (vidas negras importam, em português) é outro grande exemplo. É um slogan simples, claro e evidente. É isso que os defensores do movimento vão gritar nas ruas. É isso que eles vão escrever em camisetas.

Eu costumo até fazer uma brincadeira nas imersões presenciais. Quando as pessoas me perguntam se o grande ideal delas está bom, eu devolvo a pergunta: "Cabe em um boné?". Se for forte, representar uma ideologia e couber em um boné, em uma bandeira, em

"QUANDO VOCÊ DESCOBRE O VERDADEIRO GRANDE IDEAL DO SEU NEGÓCIO E SE ENCHE DE CORAGEM PARA O LEVAR AO MUNDO, VOCÊ ATIVA UMA CHAMA NO CORAÇÃO DE MILHARES DE PESSOAS."

uma camiseta, em uma pulseira, na contracapa de um livro, então é bom. Se virar tatuagem, então está em um nível superior.

Portanto, é isto: o grande ideal é o enredo do movimento resumido para caber em um boné. E tudo o que as marcas ou os criadores de conteúdo fazem (produtos, serviços, estratégias ou ações) é criar ferramentas para reafirmar ou alcançar esse grande ideal.

Uma comunidade sem um grande ideal é só um grupo de pessoas. Um líder sem um grande ideal não é um líder, porque não é um idealista. As pessoas não seguem especialistas, elas seguem idealistas, pessoas que têm uma causa com a qual elas comungam. Se as pessoas seguissem alguém apenas por conta de sua expertise, todo professor universitário com pós-doutorado teria 1 milhão de seguidores no Instagram e estaria faturando 10 milhões por ano, não concorda?

Por isso, todo empresário, todo líder de movimento, todo infoprodutor ou participante da *creator economy* (também conhecida como economia do criador ou economia do influenciador) precisa passar a se ver como idealista, e não apenas como vendedor de produtos ou serviços. Para fazer algo grande, você deve assumir a grandeza de seu ideal.

Então, pare a leitura aqui e repita em voz alta: "Eu sou um idealista, eu tenho um grande ideal para compartilhar com as pessoas, e a minha empresa será apenas uma forma para a minha revolução poder emitir nota fiscal". Confie em mim: entender isso fará você prosperar em níveis que nem você pode imaginar.

É hora de os bons fazerem barulho

Como vimos, Martin Luther King Jr. disse que não se preocupava com o barulho dos maus, e sim com o silêncio dos bons. Agora, então, é a hora de os bons fazerem barulho. Como o barulho dos bons só pode vir de causas verdadeiras, certamente isso acontecerá pelo empreendedorismo. E para que os bons façam barulho, eles precisam ficar ricos.

Muitos revolucionários da história foram perseguidos, torturados e mortos por causa das ideias que tinham apenas porque não eram donos do dinheiro. Ficaram conhecidos cem anos depois, tendo outras pessoas, inclusive, se apropriado desses grandes ideais para fazer fortuna. Se eles, nos dias de glória, fossem os donos da grana, não seriam perseguidos nem mortos e poderiam falar com mais gente por mais tempo.

Eu sempre digo que o capitalismo não é a forma mais inteligente de se viver em sociedade, mas é a única forma que temos de poder superá-lo. Parece contraditório, mas é fácil de entender. Pense comigo: nós só vamos conseguir superar o capitalismo e as desigualdades dele se as pessoas forem livres e ricas. O outro lado disso é o socialismo, em que todos são reféns de um Estado que oprime e controla. Só teremos a liberdade verdadeira, sem ficar reféns de nenhuma instituição ou corporação, se formos capazes de criar a nossa própria riqueza.

A melhor forma de fazer isso, hoje, é pela educação e pelo mercado digital. Unindo essas duas coisas, as empresas podem começar a disseminar movimentos para multidões por meio da internet, essa ferramenta superpoderosa que permite abrir uma *live* agora no Brasil e falar com alguém lá no Japão. É assim que a gente vai conseguir transformar a vida do brasileiro e de qualquer cidadão do mundo para melhor, com significado. E assim, também, os líderes de movimento poderão bradar a plenos pulmões os seus grandes ideais.

O digital é o maior amplificador de mensagens do mundo, e saber usá-lo é o que vai fazer a sua voz chegar a dimensões que você nem imagina. Eu costumo dizer que o on-line é um pequeno fractal, um pedacinho minúsculo daquilo que é Deus. É a nossa possibilidade de onipresença, onisciência e onipotência. Onipresença porque podemos estar em qualquer parte do mundo ao apertar um botão para gravar um áudio ou um vídeo. Onisciência porque conseguimos aprender qualquer coisa em segundos, bastando fazer qualquer pergunta para qualquer programa de inteligência artificial. E onipotência porque quanto mais a tecnologia evolui, mais a gente ganha a possibilidade de fazer qualquer coisa.

Jesus Cristo, na forma humana, teve apenas doze discípulos porque não tinha um celular com internet para fazer uma *live*. Com bata suja e sandália simples no meio do deserto do Oriente Médio, ele conseguiu espalhar a mensagem de um jeito que ecoa até hoje. Se Jesus tivesse Instagram, provavelmente o mundo inteiro seria cristão.

E você, que tem muito mais recursos, por que não amplifica a sua voz e espalha a sua mensagem? Por que você está aí, calado?

Na Bíblia, está escrito em João, capítulo 14, versículo 12: "Aquele que crê em mim fará também as obras que tenho realizado. Fará coisas ainda maiores do que estas". Eu acredito que você pode fazer muito, e eu posso ajudar. Vou começar auxiliando a encontrar as bases do seu grande ideal.

CLARIFICANDO A SUA MENSAGEM

Chegou a hora de colocar a mão na massa. A primeira coisa que você precisa fazer é clarear, lapidar, jogar luz sobre as suas crenças para encontrar a sua mensagem mais forte. Esse processo antecede a definição do seu grande ideal. Precisamos avaliar de maneira panorâmica tudo o que envolve a filosofia do seu movimento.

Por que isso importa? Porque uma mensagem clara atrai a atenção das pessoas, facilita a conexão emocional e evita mal-entendidos. Para alcançar a clareza absoluta, é preciso escavar a identidade da pessoa ou da empresa e a sua proposta de valor, assim como conhecer muito bem o seu público ideal. Assim, fica mais fácil comunicar a mensagem da marca de modo simples e acessível.

A técnica que usamos é a dos cinco porquês, criada por Sakichi Toyoda e observada pelo engenheiro japonês Taiichi Ohno, considerado o pai do sistema Toyota de qualidade.[23] A teoria é simples: para chegar à raiz de uma questão ou de um problema ou, ainda, extrair a verdade mais profunda de algo, precisamos repetir cinco vezes a pergunta "por quê?".

Veja um exemplo:

1. Por que você empreende?
- Porque preciso ganhar dinheiro.

2. Por que você precisa ganhar dinheiro?
- Porque preciso pagar boletos.

3. Por que você precisa pagar boletos?
- Para dar uma vida digna e confortável à minha família.

---

23 CINCO porquês: os experimentos de Ohno e a origem. **FM2S**, 8 jan. 2016. Disponível em: https://www.fm2s.com.br/blog/cinco-porques. Acesso em: 11 jun. 2024.

4. Por que você precisa dar uma vida digna e confortável à sua família?
- Porque ninguém merece viver de privações. Devemos romper com o destino a que estávamos condenados quando nascemos.

5. Por que todos devem romper com o próprio destino?
- Porque cada um pode reescrever a própria história, independentemente da sua origem ou condição.

A resposta final, nesse exemplo, é a mensagem mais profunda e verdadeira sobre o motivo real para a pessoa empreender. Deu para perceber?

Veja mais exemplos:

Caso: expert em inglês que vende cursos e mentorias on-line.
Causa inicial: ajudar pessoas a melhorar habilidades na língua inglesa em cursos on-line.

1. **Por quê?** Para aumentar a comunicação eficiente e a expressão em inglês de todos, fornecendo acesso à informação e oportunidades para profissionais em todo o globo.
2. **Por quê?** Para impulsionar a autoestima e a abertura de oportunidades profissionais e pessoais.
3. **Por quê?** Porque a educação de qualidade deve ser acessível a todos, independentemente de onde estejam.
4. **Por quê?** Para fomentar a conexão e a compreensão de quem estiver disposto a desbravar novos horizontes profissionais, mesmo com a limitação da educação brasileira.

5. Por quê? Porque queremos criar um futuro no qual as barreiras linguísticas não limitem o potencial humano.

Caso: corretora imobiliária escalando a marca no digital.
Causa inicial: facilitar o processo de compra e venda de imóveis para clientes.

1. **Por quê?** Para ajudar as pessoas a encontrar o lar ideal ou fazer um bom investimento.
2. **Por quê?** Porque acredita que um lar é um lugar onde as pessoas criam memórias e constroem vidas.
3. **Por quê?** Para garantir que os clientes se sintam seguros e satisfeitos com as decisões imobiliárias que tomarem.
4. **Por quê?** Porque quer contribuir para a construção de comunidades prósperas e felizes.
5. **Por quê?** Porque acredita que todo mundo merece um espaço para chamar de seu.

**▎*Agora é a sua vez!*__

Causa inicial:
_____

1. Por quê?
_____

2. Por quê?
_____

3. Por quê?
_____

4. Por quê?
_____

5. Por quê?
_____

ESCREVENDO O SEU GRANDE IDEAL

No exercício dos cinco porquês, você provavelmente chegou a uma frase que sintetiza a sua maior verdade. Ela já é uma versão poderosa da sua mensagem principal de marca, mas ainda não é o seu grande ideal na forma que ele deve estar. Afinal, o seu grande ideal precisa ser uma frase de efeito, um slogan ou uma sigla que caiba em um boné, lembra?

Então agora você deve resumir a última resposta para chegar às palavras essenciais, aquelas que são imprescindíveis para expressar uma ideia memorável, que sejam fáceis de falar, simples de escrever e impossíveis de esquecer. Vale substituir palavras, criar outras, inventar verbos... Se o resultado for algo diferente e criativo, melhor ainda!

No primeiro exemplo que apresentei, o grande ideal poderia ser "empreender é escrever uma nova história". No segundo exemplo, da expert em inglês, poderia ser *"no boundaries for us!"* (sem fronteiras para nós!, em português). E no terceiro exemplo, da corretora de imóveis, "lares são histórias". Veja a seguir mais alguns modelos de grandes ideais.

Crença forte ou frase de efeito:
- "Seja você a mudança que quer ver no mundo." Mahatma Gandhi.
- "Sempre parece impossível até que seja feito." Nelson Mandela.
- "Nunca nos renderemos." Winston Churchill.
- "Não podemos fazer grandes coisas, apenas pequenas coisas com muito amor." Madre Teresa de Calcutá.

Slogan ou afirmação imperativa:
- *Impossible is nothing* (nada é impossível). Adidas.
- *Live in your world, play in ours* (viva no seu mundo, brinque no nosso). PlayStation.

- *Open happiness* (abra a felicidade). Coca-Cola.
- *I'm lovin' it* (amo muito tudo isso). McDonald's.
- *Think different.* Apple.
- *Just do it.* Nike.

Acrônimo ou abreviação:
- TGIM, que significa "*Thank God it's Monday*", ou "Graças a Deus é segunda-feira", em português. Sigla de um movimento que busca mudar a mentalidade das pessoas em relação às segundas-feiras, incentivando a produtividade e a paixão pelo trabalho.
- RISE , que significa "*Respect, Inspire, Support, Empower*", ou "Respeite, Inspire, Apoie, Empodere", em português. Um programa ou movimento focado em promover o respeito, a inspiração, o apoio e o empoderamento entre os membros de uma comunidade ou uma organização.

Agora é a sua vez!

Escolha um formato entre frase de efeito, sigla ou slogan e escreva o seu grande ideal a partir da sua última resposta ao exercício anterior.

_____
_____
_____
_____
_____
_____

Estou com a minha consciência bem tranquila. Eu tentei de todas as formas, usei vários argumentos inquestionáveis para que você entenda a importância desse assunto. **Você precisa encontrar o seu grande ideal.** Agora, já, imediatamente!

Não vou deixar você passar para o próximo capítulo sem dizer algo mais. Se você, que está lendo tudo isto, está em uma situação confortável, tem um negócio girando, está conseguindo ganhar um bom dinheiro, ainda assim, não acredite que está tudo bem. Não está tudo bem se você não tem uma grande razão pela qual continuar fazendo o que faz. Seu dinheiro está garantido, mas, de fato, ele não sustenta o seu ser.

De certo modo, é fácil ganhar dinheiro no empreendedorismo depois de ultrapassar alguns obstáculos. No entanto, para ir além, para ser mais, para deixar um legado, para impactar milhares de pessoas e continuar relevante por muitos e muitos anos, você precisa ter um grande ideal. Então, se não fez os exercícios, se está pensando em deixar para lá, não faça isso. Escreva. Não é só uma frase. É o grande motivo que o faz continuar e que vai fazer de você o líder que o seu público sempre esperou.

Quantas mulheres não estavam esperando pelas palavras da Maiucha? Por falar nela, fico muito feliz em dizer que o livro foi publicado do jeitinho como pensamos. *Sua dor: um manifesto da história de todas nós* está impactando centenas de mulheres que precisavam entender, de uma vez por todas, as palavras que inspiraram a autora: "A dor é inevitável, o sofrimento é opcional".[24]

---

24 HANSEL, T. *In*: PENSADOR. Disponível em: https://www.pensador.com/frase/OTQzMQ/. Acesso em: 11 jun. 2024.

Nas páginas seguintes, você vai avançar. Vai ganhar intimidade com algo ou alguém que talvez seja o motivo da sua insônia: o inimigo ameaçador do seu negócio.

05
O INIMIGO AMEAÇADOR

Até por volta de 2017, se você precisasse abrir uma conta corrente ou uma poupança em um banco, precisaria superar uma jornada. Tinha de juntar uma papelada de cópias de documentos pessoais, comprovante de endereço, foto 3x4, um formulário cheio de perguntas e assinar tudo com caneta azul ou preta. Depois, precisava ir até uma agência física, geralmente entre meio-dia e quatro horas da tarde. Pegava uma senha e esperava, pacientemente, a sua vez de ser atendido por alguém sorridente e sem pressa do outro lado da mesa. Depois de umas duas horas – se você tivesse sorte! – seria chamado pelo atendente, que pegaria o calhamaço de papel que você levou para abrir a conta e começaria a conferir os documentos, um a um.

É claro que você já estaria cansado, pensando no monte de coisas que deixou de fazer para ir abrir uma conta, mas pelo menos resolveria essa pendência naquela hora. Ledo engano. Todas as suas expectativas iriam por água abaixo assim que a moça levantasse os olhos dos papéis para dizer: "Faltou o comprovante de renda. Volte amanhã!". Talvez você até tenha vivido isso, já que não faz tanto tempo que essa realidade começou a mudar.

Os bancos, a lentidão, as taxas e as letras miúdas dos contratos sempre foram amaldiçoados por quem precisava de serviços bancários. O sistema como um todo era o inimigo número um de trabalhadores e empresários que não tinham alternativa a não ser se submeter ao péssimo serviço atrelado ao péssimo atendimento.

Até que, em terras brasileiras, surgiu um banco novo, que ousava fazer tudo diferente e liderar um movimento.

Abrir uma conta nesse banco novo? Supersimples: você consegue fazer pelo smartphone no mesmo dia. Sem papelada, sem letras miúdas, sem enrolação. É um banco nu, um banco do contra. Contra tudo o que até então era prática corriqueira.

Essa instituição nasceu e se tornou uma das empresas mais valiosas do Brasil e do mundo,[25] posicionando-se contra um inimigo claro e odiado por todos: a burocracia dos bancos convencionais. É claro que estou falando do Nubank, o primeiro banco digital brasileiro e um dos pioneiros no mundo, que hoje está entre as empresas nacionais mais valiosas, brigando de igual para igual com instituições bancárias centenárias, e com ações na bolsa de Nova York.

Acredito que ficou clara a importância de descobrir qual é o inimigo ameaçador do seu negócio para criar um movimento forte, não é? O inimigo ameaçador é a representação de um obstáculo, uma injustiça ou uma ameaça que a sua comunidade enfrenta e precisa superar. É uma "força do mal" que precisa ser combatida e, para isso, une todos em prol de um objetivo comum.

O amor é uma força mobilizadora incrível e poderosa, mas não devemos subestimar o ódio. A ira, quando compartilhada por um grupo, tem a capacidade de incitar de modo mais rápido e intenso, pois está ligada aos nossos instintos primitivos de sobrevivência. É ele, o inimigo, que desempenha o papel mais importante na

---

25 NUBANK é destaque entre as Marcas mais Valiosas do Brasil, segundo ranking da Interbrand. **Nubank**, 4 jun. 2024. Disponível em: https://international.nubank.com.br/pt-br/companhia/nubank-e-destaque-entre-as-marcas-mais-valiosas-do-brasil-segundo-ranking-da-interbrand/. Acesso em: 11 jun. 2024.

criação de um senso de urgência e união dentro do movimento. Indignação, raiva, ódio ou medo são canalizados para ações e mobilização para defender os seus e as suas crenças.

Enquanto o grande ideal é a visão inspiradora de um movimento, o inimigo ameaçador dá cara e corpo aos obstáculos e aos desafios que precisam ser superados para concretizar esse ideal.

TODO MOVIMENTO PRECISA DE UMA AMEAÇA

Nenhum movimento nasce sem uma indignação ou uma frustração. Ninguém começa um movimento porque está tudo bem. Isso não existe! O que existe são marcas, influenciadores ou líderes sociais que começam movimentos como representantes de uma grande frustração, de uma grande vontade coletiva para mudar algo na realidade.

Movimento se constrói com pessoas que amam as mesmas coisas, acreditam nas mesmas coisas, fazem as mesmas coisas e, na mesma medida, odeiam as mesmas coisas. Então, o inimigo ameaçador do seu negócio surge dessa fúria, daquilo que mais os ameaça enquanto grupo e do que mais repudiam no mundo.

E todos nós repudiamos alguma coisa. Coisas que não aceitamos, que vão contra os nossos princípios, contra os nossos valores e contras as nossas crenças mais íntimas. Quando você encontra uma comunidade que abomina as mesmas coisas, que tem o mesmo inimigo, então você entende que encontrou o seu lugar.

Teremos um capítulo inteiro para avaliar as dinâmicas de uma comunidade. Por enquanto, quero que você entenda apenas o que ela é: o grupo de pessoas que você quer ter por perto e que você pode salvar do inimigo ameaçador. São essas pessoas que vão se transformar na sua tribo.

Como empresário ou expert do mercado digital, a sua função é manter a sua tribo unida e lembrá-la o tempo todo de que existe um inimigo. E deve reforçar também que se permanecerem juntos, todos estarão protegidos.

O inimigo está ao lado

Como identificar o inimigo do seu negócio? Se toda comunidade tem dores, problemas, frustrações ou repulsa por algo, o inimigo é o fator externo que provoca tudo isso.

Atenção, isto é muito importante! O inimigo é sempre algo exterior, nunca a própria pessoa, nunca algo interno. E por quê? Porque os problemas íntimos dessa pessoa são exatamente isto: íntimos. São dela. O inimigo do grupo é algo ou alguém que aflige a todos, independentemente de quem seja e das questões pessoais.

Além disso, o inimigo externo deve ser identificado porque ele é o responsável pelos problemas internos que a pessoa enfrenta. Ela não tem culpa do próprio sofrimento, então seria muito duro a acusar de criar os próprios monstros. Vou explicar melhor.

Imagine que você é um nutricionista que ajuda pessoas a emagrecer e se manter saudáveis, com uma alimentação nutritiva e de qualidade. Se você diz para os seus clientes que eles não emagrecem porque são preguiçosos, porque não conseguem fechar a boca e comem porcarias porque são negligentes com eles mesmos, você está ajudando? É provável que não. Você está jogando ainda mais ansiedade para cima dessa pessoa, e ela vai paralisar e não vai conseguir se livrar do comportamento ruim em relação à comida.

Quando você identifica que o inimigo ameaçador da sua comunidade é a indústria alimentícia, que usa de todas as formas possíveis e imagináveis para viciar o público em *junk food*, alterando o sabor dos alimentos, incluindo ingredientes que não são comida de verdade e não fazem bem, gastando milhões com propagandas para fazer lavagem cerebral nas pessoas, então você tira a culpa das costas de um monte de gente. O inimigo ameaçador externo é algo ou alguém contra o qual podemos lutar, com o apoio uns dos outros.

COMO DESCOBRIR QUAL É O INIMIGO EXTERNO DO SEU NEGÓCIO?

O inimigo ameaçador externo da sua comunidade é o primeiro e maior culpado pelas dores e frustrações que o grupo enfrenta. Quem são as pessoas que você quer salvar? Quais são as principais dores e as frustrações que as atrapalham de viver a filosofia de vida do movimento e alcançar o grande ideal?

Eu não sei se você é nutricionista, como no exemplo anterior, mentor de finanças pessoais, médico ou se tem uma escola de adestramento de cães de guarda. Mas seja qual for a sua expertise, é importante que você identifique o que mais aflige os seus clientes e qual é o maior culpado por essas dores existirem.

Sabe o que é mais interessante? Se você estiver criando o seu movimento de maneira 100% autêntica, vai perceber algo. Normalmente, o mesmo culpado pelas dores das pessoas que você quer salvar também é culpado pelos **seus** problemas "favoritos" no mundo. A causa da indignação do seu público também é a causa da **sua** maior indignação. Também é o que você mais repudia.

Então, para saber se o inimigo ameaçador do seu negócio está correto, basta encontrar essa intersecção entre as coisas que você repudia do lugar mais profundo do seu ser e as principais revoltas da sua comunidade.

Para ficar mais simples de entender: o inimigo ameaçador pode surgir de várias formas:

- pode ser uma questão social, como a desigualdade, a injustiça ou a falta de acesso a direitos básicos;
- pode ser um problema ambiental, como a destruição do meio ambiente ou a escassez de recursos naturais;
- também pode ser um obstáculo político, econômico ou cultural que prejudica determinados grupos ou comunidades.

NÃO ESTÁ TUDO BEM SE VOCÊ NÃO TEM UMA GRANDE RAZÃO PELA QUAL CONTINUAR FAZENDO O QUE FAZ. SEU DINHEIRO ESTÁ GARANTIDO, MAS, DE FATO, ELE NÃO SUSTENTA O SEU SER.

Apenas lembre-se de encontrar o culpado concreto por esses problemas. Se for algo abstrato, não vai gerar identificação. E aqui vai, mais uma vez, um alerta importante. Tenha muito cuidado ao arquitetar o seu movimento na hora de encontrar o inimigo. Se usar essa metodologia para o mal, você pode criar um movimento nocivo. Já fizeram isso em escala internacional, e a gente sabe o quanto o mundo sofreu.

O movimento nazista de Adolf Hitler é um exemplo. A causa dele não era uma causa forte, era uma causa louca. Ele era um lunático e tinha uma visão completamente deturpada da realidade, mas sabia usar muito bem as palavras e construir narrativas convincentes. No livro *Minha luta*,[26] Hitler conta tão bem como elaborou o suposto inimigo comum do movimento – os judeus e outras minorias, – que até fica fácil entender como ele encontrou ressonância em tanta gente. A tese dele é tão visceral e convincente que se não tiver inteligência emocional, princípios e valores muito claros, a pessoa acredita naquela narrativa.

Para criar um movimento, é preciso ser um idealista, mas um idealista ético. Nunca se esqueça disso.

"Nós" contra "eles"

A narrativa do "nós contra eles" ou "nós contra o sistema XYZ" é poderosa demais. É o mecanismo da política, das religiões e do marketing. O "nós" é sempre o grupo ao qual se pertence. O "eles" é o outro, o externo, o forasteiro, o que se opõe aos nossos pensamentos, aos nossos modos de ser e agir. Esse foi o mecanismo usado por inúmeras marcas para se estabelecer no mercado, dando um baile na concorrência.

Mais uma vez, vamos falar dela, a Apple. Na década de 1980, com a forte concorrência pelo mercado de computadores pessoais nos Estados Unidos, a marca escolheu o inimigo de maneira bem explícita. O adversário óbvio era a gigante IBM que, naquele

---

26 HITLER, A. **Minha luta**. Brasília: Editora do Carmo, 2016.

momento, estava deixando de lado o mercado de computadores de grande porte para entrar no ramo dos computadores pessoais.

Como bater no gigante concorrente de qualquer jeito podia ser um tiro no pé, a dona do iPhone decidiu arrebentar tudo o que a IBM representava: o *statu quo*, a mente fechada dos tecnocratas, a sociedade engravatada e chata. A Apple se posicionou com coragem. Primeiro, com publicidade nos maiores jornais do país, criando anúncios de página inteira que diziam que se a IBM estava entrando no mercado de computadores pessoais, então a Apple sempre esteve certa. Depois, com a criação de um dos mais lendários comerciais já feitos, exibido apenas uma vez na televisão estadunidense, mas que continua repercutindo décadas e décadas depois.

Estou falando do vídeo "1984", criado para o lançamento do Macintosh, que aconteceu, veja só, em 1984.[27] A propaganda tem como referência o livro homônimo de George Orwell,[28] que retrata uma sociedade controlada por um regime totalitário em que as pessoas recebem ordens de um líder tirano e ficam hipnotizadas pelas palavras dele. No comercial, entre pessoas que se comportam como robôs, olhando para uma grande TV na qual aparece o tal líder tirano, uma mulher entra em cena correndo e lança uma marreta contra a tela. O vídeo termina com uma voz ao fundo dizendo que o ano de 1984 não será igual ao ano do livro de Orwell. Isso porque será lançado o Macintosh, para quebrar padrões.

Além do ótimo *storytelling*, encontrar um inimigo para chamar de seu deu uma vantagem competitiva enorme para a marca de

---

[27] 1984 APPLE Macintosh portuguese subtitles. Vídeo (1min1s). Publicado pelo canal José Roitberg. Disponível em: https://www.youtube.com/watch?v=Zzo7H1WSn9o. Acesso em: 11 jun. 2024.

[28] ORWELL, G. **1984**. São Paulo: Companhia das Letras, 2009.

Steve Jobs. A prova disso é o lugar que ela ocupa até hoje na mente de consumidores do mundo inteiro.

Estudos de neuromarketing reforçam a lógica de encontrar um inimigo claro e identificável para se destacar no mercado. O autor dinamarquês Martin Lindstrom relata no livro *A lógica do consumo*[29] que Davi não seria nada sem Golias, que Luke só existe por causa do Darth Vader, que o Super-Homem sem Lex Luthor, e o Batman sem o Curinga não teriam a menor graça, nem venderiam milhares de entradas nos cinemas.

Ainda, segundo neurocientistas, o fã clube da Apple é mesmo uma religião, e o culto à marca é real. Estudiosos compararam ressonâncias magnéticas do cérebro de clientes fãs da Apple com exames de pessoas que se autodenominam "muito religiosas" e descobriram algo muito interessante: a marca da maçã e a religião iluminam a mesma parte do cérebro,[30] ou seja, cultuar a Apple desencadeia os mesmos sentimentos e comportamentos que as religiões.

Um pouco mais para os trópicos

Aqui no Brasil também percebemos o fenômeno do poder do inimigo ameaçador. Entre 2015 e 2016, a direita brasileira uniu liberais e conservadores (que sempre foram contrários e sempre discordaram em absolutamente tudo) do mesmo lado na Avenida Paulista,

---

29 LINDSTROM, M. **A lógica do consumo**. São Paulo: HarperCollins, 2018.

30 GREGO, M Cérebro de fãs da Apple é como o de devotos religiosos. **Exame**, 25 maio 2011. Disponível em: https://exame.com/tecnologia/cerebro-de-fas-da-apple-e-como-o-de-devotos-religiosos/. Acesso em: 12 jun. 2024.

vestindo roupas iguais, para pedir o impeachment da então presidente Dilma Rousseff. Ela era o inimigo da vez.

O inimigo ameaçador tem o poder de unir até mesmo pessoas que discordam em algo, mas concordam categoricamente em combater aquele suposto mal. A influenciadora Nathalia Arcuri, por exemplo, ganhou notoriedade com um canal de finanças ao atacar sem papas na língua o descaso das instituições com a educação financeira da população desde a infância. Para ela, esse é o motivo do endividamento e da falta de perspectivas de futuro do brasileiro em relação a dinheiro e renda.

Nos grandes lançamentos do mercado digital, uma forma de alavancar as vendas logo de cara é começar a campanha com um discurso forte de indignação contra algo. Experts líderes de movimentos fazem múltiplos milhões dessa maneira. Então, para que o seu movimento seja forte, ele precisa ter um inimigo visceral que faça as pessoas quererem se levantar, vestir a mesma camisa e lutar contra essas indignações.

Como você vai fazer, querido leitor, para descobrir qual é o inimigo ameaçador do seu movimento?

DESCOBRINDO QUEM VOCÊ VAI DERROTAR

Agora vou ajudar você a definir o inimigo ameaçador do seu movimento. Para isso, vou ensinar uma ferramenta muito simples que uso com os meus clientes e mentoreados. O que a gente quer, aqui, é estabelecer uma estrutura para que você identifique e compreenda o seu inimigo e, conhecendo-o, desenvolva estratégias para se comunicar com o seu público a partir desse ponto. Assim, será possível combater o antagonista para todos alcançarem os objetivos traçados.

Encontrar o oponente é bem simples, na verdade. Você vai precisar responder a apenas três perguntas:

1. O que mais me causa repúdio no mundo?
_____
_____

2. Quem é o principal culpado pelas dores e pelas frustrações da minha comunidade?
_____
_____

3. Na interseção entre esses dois pontos está o inimigo ameaçador que a minha marca pessoal ou corporativa vai combater. Qual é?
_____
_____

06 O LÍDER CORAJOSO

Todo movimento precisa de um líder. Assim, todo negócio do mundo físico ou do on-line que pretende construir um movimento precisa de um grande líder. E não falo de qualquer líder, e sim de um corajoso.

No mundo corporativo, chamam de líder a pessoa que está à frente de uma equipe, que toma decisões, que lidera um projeto permanente ou provisório. É, basicamente, um chefe. De novo, não é desse tipo de líder de que estou falando. O líder corajoso não lidera apenas uma empresa, mas um movimento, e isso demanda algumas qualidades especiais.

Neste momento, uma coisa pode estar passando pela sua cabeça: "Não tenho qualidades especiais, portanto não sou um grande líder". Tenha calma, pois você pode se tornar um, desde que tenha os motivos certos para isso.

Os primeiros motivos já apareceram: o grande ideal e o inimigo ameaçador. Se você tem uma causa a defender, uma bandeira a levantar e algo ou alguém para combater, então tem bons motivos para começar a liderar um movimento.

As outras qualidades para se tornar um líder corajoso podem ser aprendidas, porque são habilidades adquiríveis e treináveis. Porém, é claro que você precisa estar disposto a enfrentar o que tiver de enfrentar.

Aqui e agora você vai saber o que precisa desenvolver para se tornar uma liderança que faz as pessoas se mobilizarem, que inspira coragem, que envolve a comunidade em um sonho maior e que fortalece um movimento a ponto de ele se tornar muito maior do que você ou do que está ao seu redor. E entenderá o que fazer para o seu nome ser falado, mesmo quando você não estiver presente.

TODA MARCA PRECISA MESMO DE UMA "CARA"?

Essa é outra pergunta que você pode estar se fazendo agora, e sei disso porque ela, vez ou outra, aparece para mim. O argumento é que existem empresas bem-sucedidas que não têm pessoas se expondo para se manter relevantes no mercado. Eu respondo a essas perguntas com outros argumentos impossíveis de serem contestados.

Em primeiro lugar, essa realidade já ficou para trás. O mercado evoluiu muito, e a concorrência em todos os setores ficou gigantesca e não para de crescer. Se no passado bastava ter produtos e serviços que resolviam problemas das pessoas para vender bem, isso já não é mais verdade. E é por isso que até marcas de commodities, como arroz, feijão e ovo, estão trabalhando o seu *branding* para continuar no jogo. Para se manterem fortes, elas precisam gerar identificação com os consumidores.

E qual é a melhor forma de fazer isso? Colocando alguém de verdade para ser a cara da empresa e mostrando que existe um ser humano que usa aquele produto ou serviço, que atesta a qualidade dele, que está disposto a atrelar a própria reputação àquela marca.

A personificação de uma marca gera uma conexão muito maior com o público porque as pessoas têm uma inclinação natural para se relacionar com outras, em vez de se conectar com uma entidade abstrata. O que seria da Bombril sem o Carlos Moreno? O ator foi garoto-propaganda da empresa por três décadas e meia.

Os seres humanos buscam vínculos pessoais e histórias que ressoem com as próprias experiências e aspirações. Não foi à toa que o Magalu criou a Lu, uma personagem digital que até virou influencer, mesmo não existindo na vida real.

Grandes marcas gastam milhares de dólares para contratar celebridades para fazerem esse papel por elas. Exemplos não faltam: Nike e Michael Jordan; Anitta e Nubank; Gisele Bündchen e Vivara; George Clooney e Nespresso; Julia Roberts e Lancôme; David Beckham e Lionel Messi e Adidas; Charlize Theron e Dior; Neymar e Puma.

PARA CRIAR UM MOVIMENTO, É PRECISO SER UM IDEALISTA, MAS UM IDEALISTA ÉTICO.

O que essas marcas buscam é emprestar a credibilidade, a reputação, a influência e o poder de mobilização desses atletas, artistas e personalidades da mídia para liderar um movimento. Agora pense: e quando o líder é o próprio fundador? Também posso citar dezenas de exemplos: Steve Jobs e Apple; Richard Branson e Virgin; Elon Musk e Tesla; Bill Gates e Microsoft; Luiza Trajano e Magalu; Silvio Santos e SBT. Walt Disney e Disney.

O que se percebe ao analisar esses nomes e marcas é que quando o empresário se torna líder e coloca a cara a tapa, ele aumenta a tração do movimento e do negócio. Para comprovar isso, é só buscar no Google quais são as empresas mais valiosas do mundo. Você vai perceber que sempre existe um líder à frente delas.

A MISSÃO DO LÍDER

A missão maior de um líder corajoso à frente de uma empresa é tornar o negócio a referência número um no mercado. Para isso, ele precisa de certa petulância misturada com valentia para tomar decisões difíceis e, por vezes, arriscadas.

O líder de verdade está disposto a enfrentar o desconhecido, inovar, desafiar o *statu quo* e assumir riscos calculados. As palavras e as ações dele precisam contagiar a equipe e a comunidade, encorajando todos a sair da zona de conforto e abraçar novas ideias.

Quando um líder personifica a marca ou o movimento, ele se torna um símbolo vivo dos valores e da missão e, assim, cria uma identificação mais profunda e significativa com o público.

Nos momentos de crise – acredite, eles vão acontecer! –, um líder corajoso também é fundamental para enfrentar as adversidades. A presença, as palavras e as ações dele se tornam âncoras para o time e para o público. É a coragem do líder que vai inspirar a união de todos para que perseverem, sejam resilientes e criativos para superar o problema.

Há casos em que a coragem do líder ultrapassa as barreiras do tempo e permanece depois que ele se vai. Aconteceu com uma marca que você provavelmente conhece, a Johnson & Johnson.

O caso do Tylenol adulterado

Em 1982, a multinacional Johnson & Johnson enfrentou uma grave crise por causa da adulteração criminosa de embalagens do medicamento Tylenol, fabricado por ela.[31] Nos Estados Unidos, na época, o produto era o mais bem-sucedido da empresa, responsável por 19% das vendas, além de ser líder absoluto entre as marcas de analgésicos, representando 37% do mercado do país.

A morte de sete pessoas depois do uso do medicamento fez a empresa enfrentar uma crise sem precedentes. As cápsulas que envolviam o princípio ativo do medicamento tinham sido adulteradas com cianeto de potássio, um dos venenos mais letais do mundo, conhecido desde a Antiguidade.

Em investigação, a polícia concluiu que houve sabotagem nas embalagens do medicamento. O criminoso teria comprado vários frascos de Tylenol em pontos de venda diferentes de Chicago e adicionado com uma seringa o cianeto às cápsulas gelatinosas. Então, teria retornado sistematicamente às lojas para devolver as embalagens às prateleiras. Como isso só foi descoberto depois, na hora dos acontecimentos era preciso tomar uma decisão urgente. De um lado estavam sete vítimas fatais, e possivelmente outras milhares correndo riscos; do outro, estavam em jogo milhões de dólares e a sobrevivência da empresa no mercado.

Foi quando os diretores da Johnson & Johnson se lembraram das palavras de Herbert F. Johnson Junior, o químico que assumiu a empresa na década de 1940 e foi o responsável por transformá-la em uma marca global. "Algumas decisões servem apenas para os corajosos." Ele foi um dos primeiros empresários do mundo a falar

---

31 RUÃO, T. O Caso Tylenol e o valor da comunicação de crise: é tempo de colocar as pessoas em primeiro lugar! **Comunitas**, 1 abr. 2020. Disponível em: https://www.communitas.pt/ideia/o-caso-tylenol-e-o-valor-da-comunicacao-de-crise-e-tempo-de-colocar-as-pessoas-em-primeiro-lugar/. Acesso em: 11 jun. 2024.

> "O LÍDER DE VERDADE ESTÁ DISPOSTO A ENFRENTAR O DESCONHECIDO, INOVAR, DESAFIAR O *STATU QUO* E ASSUMIR RISCOS CALCULADOS."

de propósito de marca e defender que a companhia deveria seguir um código de conduta rígido, mais tarde batizado de Nosso Credo, cuja primeira linha diz: "Acreditamos que a nossa primeira responsabilidade é para com pacientes, médicos e enfermeiros, mães e pais, e todos os outros que utilizam os nossos produtos e serviços".

Seguindo a mensagem do líder, a decisão foi óbvia e rápida: retirar das prateleiras todos os frascos de Tylenol. O produto instantaneamente perdeu 87% da participação de mercado. O prejuízo foi de mais de 50 milhões de dólares. Poderia ser pior, se não fosse aquela visão do líder do passado. Talvez a empresa não existisse mais se uma decisão corajosa não fosse tomada.

As decisões envolveram também ser absolutamente transparentes com a imprensa, com o público e com os clientes, colaborando com as autoridades sem reservas. Em pouco tempo, o crime foi descoberto, e a imagem da Johnson & Johnson saiu ilesa. Dois meses depois, o Tylenol voltou ao mercado com nova embalagem, triplamente selada, e retomou em pouco tempo a participação forte que tinha no mercado.

Ninguém quis nem previu que essa crise pudesse acontecer. Ainda assim, o ideal de um grande líder, mesmo não estando mais por perto, ajudou a marca a passar por tudo e ainda sair mais forte.

Cole na parede, na sua mesa de trabalho, escreva em qualquer lugar visível para onde você olhe todos os dias: "**o líder é o elo entre a causa e a comunidade**".

DE QUE SÃO FEITOS OS LÍDERES?

Já antecipei que o líder é feito de coragem. Ele é composto da mesma matéria que faz os grandes. Nas veias dele corre o sangue dos vencedores, daqueles que não desistem, dos que não param nos obstáculos. Ele é feito de um ideal.

Também já expliquei que todo grande líder é, antes de tudo, um idealista. Ele tem uma visão de futuro, defende com unhas e dentes o que acredita e as pessoas que estão ao lado dele e tem convicção de que pode mudar o estado das coisas. Ele sonha com uma mudança e é a pessoa que, de fato, a realiza. Assim eram Alexandre, o Grande; Jesus Cristo; Martin Luther King Jr.; Nelson Mandela; Gandhi; Madre Teresa de Calcutá; Irmã Dulce e tantos outros.

No seu negócio e no seu mercado, você pode ter a mesma força ao se dispor a liderar um movimento. Para isso, vai precisar trabalhar essencialmente duas coisas: a sua linguagem e a sua marca pessoal.

Uma linguagem eloquente

A diferença entre uma comunicação apenas competente e uma que engaja e mobiliza pode ser o fator determinante entre um resultado bom e um faturamento excepcional. Líderes de grandes movimentos têm uma linguagem diferente da de empresários comuns.

No livro *A linguagem da liderança*,[32] o ex-capitão da marinha estadunidense, David Marquet, conta como levou o submarino Santa Fé e sua tripulação do último lugar em resultados para o primeiro da frota, apenas mudando a linguagem. O autor, que hoje é formador de líderes, explica que uma simples mudança nas palavras e no modo como são ditas é capaz de melhorar os resultados,

---

32 MARQUET, D. **A linguagem da liderança**: o poder oculto do que você fala – e do que não. São Paulo: Alta Books, 2021.

além de despertar a paixão e a iniciativa das pessoas. Concordo com Marquet. E vou além.

Analisando os grandes líderes do mundo empresarial e da história, percebi alguns padrões na forma como eles se comunicam. O primeiro é que eles costumam falar de maneira mais declarativa e imperativa. Se você observar líderes de movimento se expressando, de quaisquer áreas, sejam experts do mercado digital que fazem milhões em lançamentos de infoprodutos, seja Steve Jobs na primeira apresentação do iPhone, seja Martin Luther King Jr. no discurso inspirador em Washington, vai perceber que eles nunca dizem "eu acho" nem "essa é a minha opinião".

Eles afirmam, declaram, sentenciam. É uma comunicação cheia de certezas, nada de achismos ou palavras suaves. Eles usam menos oratória e mais retórica. Como assim? Vamos entender as diferenças entre oratória e retórica. A oratória é a arte de falar bem em público, a habilidade de se expressar de maneira clara, objetiva e eficaz. Já a retórica é a arte de saber usar as palavras para convencer o outro, saber usar a eloquência, a persuasão e a expressividade para defender o que se acredita.

Todo bom líder sabe usar bem a retórica, mas nem sempre ele é um bom orador. O melhor exemplo disso é o Lula, presidente do Brasil, ex-líder sindical e um dos líderes mais inspiradores do mundo – apesar de falar muita besteira de vez em quando. Definitivamente, ele não é o melhor orador que conhecemos, não tem a voz mais agradável de se ouvir, comete inúmeros vícios de linguagem, fala bobagens, se confunde, faz piadas ruins. Apesar de tudo isso, se expressa muito bem, com convicção e com todos os órgãos do corpo, tem BNO.

Brilho no olho (ou BNO) é uma brincadeira que eu faço com os meus mentoreados. Eu digo que os dois fatores responsáveis pelas mais altas taxas de conversão no mercado digital não são técnicos, mas duas coisas simples: a convicção sobre o que se diz e o BNO. Quem tem alta porcentagem de BNO vende mais, então, se você realmente acredita em algo, seja convicto, tenha uma linguagem retórica, não dê margem para dúvidas. Isso é o que mais vende ideias e produtos no mundo.

As pessoas na internet estão ávidas por acreditar em alguém. Elas querem seguir quem afirme sem titubear, quem ofereça um caminho, uma visão de futuro e que fale de modo declarativo, imperativo e convicto. É esse tipo de linguagem que faz as pessoas pararem o que estão fazendo para ouvir. Do contrário, vão simplesmente rolar o dedo pelo smartphone e passar para um vídeo de gatinho, de comida apetitosa ou de bebê fofinho.

A MARCA PESSOAL DO LÍDER

Steve Jobs só usava calça jeans e blusa preta, mas não era para estar na moda ou porque ele achava aquele estilo elegante, e sim porque ele não queria perder tempo escolhendo roupa. Ele tinha coisas mais importantes para pensar e fazer. Isso era parte da marca pessoal dele.

Marca pessoal é a percepção que o público tem de alguém. Gerenciar a própria marca pessoal é a melhor estratégia para você alinhar o que quer transmitir em toda a sua comunicação e a forma como é percebido.

A empresária e apresentadora Oprah Winfrey, à frente do *talk show* com a maior audiência da história dos Estados Unidos, sabe muito bem trabalhar a marca pessoal, por exemplo. De menina pobre, que sofreu abusos e foi vítima de racismo, a uma das mulheres mais ricas e influentes do mundo, ela é uma líder que reúne os três elementos mais importantes na construção de uma marca pessoal de impacto.

Personalidade

Personalidade é a maneira como o líder se comporta diante da comunidade. Ele precisa ter conhecimento dos próprios atributos e usá-los ao seu favor. E aqui não tem regra, não tem fórmula, apenas tem que ser intencional.

Você tem uma personalidade forte, marcante, extrovertida, inquieta, ousada? Potencialize essas características. Você é uma pessoa criativa, inspiradora, intimista, que prefere falar pouco, mas ser cirúrgica nas colocações? Use isso a seu favor.

A personalidade é seu maior ativo individual como líder. É o que faz muita gente preferir um profissional a outro com as mesmas qualificações, ou até mais, é a personalidade que ele exala e que encontra ressonância na pessoa. Não tem a ver com ser bom ou ruim, mas com identificação e conexão.

Oprah sabe que é uma excelente contadora de histórias, então ela usa esse superpoder para empoderar e inspirar outras mulheres a mudar o próprio destino, contando suas histórias de superação.

Narrativa

Qual história você conta? Qual é a sua narrativa?

Dentro da narrativa, existem dois elementos: o **posicionamento** e os **atributos de marca pessoal**. Posicionamento é quem você é e que lugar trabalha para ocupar na mente das pessoas. Eu, por exemplo, me posiciono como o número um em criação de movimentos, criador do marketing ideológico e conselheiro dos idealistas. Oprah se posiciona como representante do feminismo negro e das mulheres que ousam subverter a lógica do machismo. Você precisa ter clareza do seu posicionamento para não ser só mais um em seu mercado.

Também precisa ter muito claro quais são os seus atributos de marca pessoal. Você é um intelectual ou uma pessoa "mão na massa"? É criativo ou analítico? É obstinado ou compreensivo? Clássico ou extravagante? Não é para fingir ser quem não é nem criar um personagem para se comunicar, mas ter na ponta da língua suas qualidades e até os seus defeitos para se comunicar de modo intencional e funcional, ou seja, para gerar os melhores resultados possíveis.

Quais são os seus atributos de marca pessoal? "Conhece-te a ti mesmo", diz a sabedoria grega antiga. Esse é o primeiro passo.

Energia

Energia é a comunicação verbal, não verbal e paraverbal do líder; ou seja, é a linguagem corporal, o tom de voz, o jeito de falar e de olhar, o campo semântico ao redor de tudo o que ele diz. Para ficar mais claro: são as palavras que usa, como fala, de que jeito olha para o interlocutor, como se movimenta. Tudo isso é importante e precisa ser trabalhado para ser intencional. Todo líder precisa ser um bom comunicador, e a boa comunicação envolve dominar cada parte que a compõe.

Eu tenho uma boa notícia para dar: se você não nasceu um bom comunicador, saiba que isso é treinável. Você pode adquirir e potencializar essa habilidade. Isso é muito importante, pois a sua energia chega antes de você. Se ela for convincente, você será capaz de fazer as pessoas acreditarem no seu movimento.

Lapidando a sua marca pessoal

Responda a estas perguntas com atenção para começar a ser intencional com a gestão da sua marca pessoal.

1. Quem sou eu?

_____
_____
_____
_____
_____
_____

2. Como me comporto?

_____
_____
_____
_____
_____
_____

3. Qual é a minha personalidade?

4. Como quero ser percebido pela minha comunidade?

5. Como eu me expresso?

6. Qual é a minha energia?

    Para responder a essa última pergunta, existe um truque. Pense nos quatro elementos da natureza: água, fogo, ar e terra. Com qual deles você mais se identifica? Essa é a sua energia.

Lembre-se: para seu movimento ter sucesso, você precisa se comportar como um líder idealista, se posicionar no mundo não como um empresário ou especialista, mas como alguém que tem um ideal e vai persegui-lo até alcançá-lo. Precisa se convencer a assumir esse lugar, acender a chama da vontade de mudar as coisas, de transformar a vida das pessoas, de fazer o mundo ser um lugar melhor para se viver. Para apresentar as suas ideias para o mundo, você precisa ter convicção absoluta delas.

Liderança não se fala, se vive. É preciso ser por inteiro. O líder precisa viver o próprio movimento, da hora em que acorda até a hora de dormir, e até dormindo, nos sonhos. Se não houver congruência entre o que fala e o que faz, não vai ressoar nos outros. É muito mais fácil vender produtos, serviços, ideias ou ideais desse jeito, porque essa vivência e essa crença no movimento dispensam roteiros, teleprompter, estudos. As crenças e causas estarão sempre na ponta da língua.

Um dos maiores erros que vejo, principalmente no mundo on-line, é um monte de gente dizendo para o expert se adaptar à audiência. Não faça isso! Conheça a si mesmo. Domine a si mesmo. E apenas após fazer isso olhe para o "exército inimigo". Essa é a arte da guerra. Exale a sua personalidade. Não tenha medo de dizer o que pensa. Não tema ser extremo. Assim, você naturalmente vai atrair pessoas que se conectam com você e dispensar quem não tem nada a ver.

Por fim, seja o que quiser, só não seja morno, diz a Bíblia: "Conheço as suas obras, sei que você não é frio nem quente. Melhor seria que você fosse frio ou quente! Assim, porque você é morno, nem frio nem quente, estou a ponto de vomitá-lo da minha boca" (Apocalipse 3:15-16).

> **TODO BOM LÍDER SABE USAR BEM A RETÓRICA, MAS NEM SEMPRE ELE É UM BOM ORADOR.**

Esta é a última chance de você largar este livro. Estamos na metade dele e, se o que estou dizendo até aqui não faz sentido algum para você, chegou a hora de fechá-lo, colocá-lo na estante, doar para um inimigo, se desfazer dele de qualquer jeito. Se você continuar comigo, se estivermos juntos nesta página, quero fazer uma provocação.

Você morreria pelos seus ideais? Ou melhor, você seria capaz de viver cada minuto da sua vida por eles?

07 A COMUNIDADE

Por que as comunidades são tão importantes para o ser humano? Freud explica. O "pai da psicanálise" diz que grupos são muito mais do que a soma de sujeitos. Quando juntas, as pessoas formam uma entidade totalmente distinta do que eram individualmente, e essa entidade as atravessa e molda o seu comportamento.[33]

Para pertencer a um grupo – ainda segundo Freud –, os indivíduos abandonam parte da própria subjetividade em prol do "encaixe". Isso quer dizer que existe certa substituição das singularidades e do pensamento racional de cada um em favor de um pensamento afetivo ligado à comunidade e de um novo modo de ser compartilhado. Assim, a força de um grupo é muito maior do que a soma das forças de cada parte desse grupo – e isso não é nenhuma novidade. Os mais respeitados mestres da Sociologia, da Antropologia e da Psicologia já se dedicaram muitas vezes ao estudo das comunidades e dos modos de ser e de viver desses grupos.

A novidade que trago aqui é o uso da mesma lógica para o mundo dos negócios. Se a identidade do ser humano se confunde ou até se perde com a identidade coletiva, então as comunidades em torno de uma marca são muito mais importantes do que milhares de consumidores isolados, cada um em um canto. Estamos ali-

---

[33] FREUD, S. **Psicologia das massas e análise do eu**. Porto Alegre: L&PM, 2013.

nhados? Partindo disso, posso afirmar que a comunidade é o ativo mais importante de um negócio.

Quero também contar uma coisa que talvez você não tenha notado sobre o seu próprio comportamento – algo polêmico. Você não tem livre-arbítrio coisa nenhuma. O ser humano é completamente criado, movido e fruto do meio em que está inserido. Todo desejo é mimético. O que significa isso? Todo desejo individual é uma imitação de quem está ao lado e do ambiente, sendo orientado ao pertencimento a um grupo.

Pare agora um instante e olhe à sua volta. Onde você está? No seu quarto, na sala da sua casa, no seu escritório? Olhe para a roupa que está vestindo, para a sua mesa, para a sua cama, para o seu aparelho de celular, para os seus objetos pessoais. Tudo o que você comprou foi para pertencer a algo e ser percebido como parte de um grupo social. Isso acontece com todo mundo. Nós expressamos a nossa personalidade por meio do consumo; o consumo está ligado ao pertencimento que, por sua vez, é um mecanismo de sobrevivência, já que o ser humano é um ser tribal.

A humanidade começou como uma tribo em volta de uma fogueira. O fogo representa a conexão com um ideal maior. Hoje, uma família que se junta em frente a uma televisão é a versão moderna desse cenário – só mudou o tipo de fogueira e o tipo de tribo. O churrasco com os seus amigos também é uma tribo em volta de uma fogueira. Tudo se resume a isso.

E tem algo mais: o ser humano é um ser religioso e sempre será. Quem afirma isso é o sociólogo francês Émile Durkheim em *As formas elementares da vida religiosa*. Para ele, a religião é fruto da ação social, um produto da sociedade, que exprime uma realidade coletiva e se "destina a promover, a manter ou a refazer certos estados mentais desses grupos".[34]

Os seres humanos preferem viver em grupos, se ligam a uma religião e se dispõem a praticar um conjunto de atos que manifeste a dependência em relação a algo superior, sobrenatural. Para Durkheim, o homem idealiza a religião, mas a expressa de maneira concreta no dia a dia. Sendo assim, ela é real. Que tal aplicar toda essa teoria no mundo atual dos negócios?

Os consumidores são seres humanos; logo, eles anseiam por pertencer a algo, fazer parte de uma tribo, de uma comunidade. Para que essa comunidade permaneça unida, todos devem compartilhar entre si uma crença maior, uma espécie de religião em torno de uma ideia. É por isso que o fã-clube da Apple é uma religião.

Então, chegamos ao nosso ponto. Como você pode desenvolver uma comunidade forte de fiéis da sua marca como se ela fosse a religião deles? Você vai precisar colocar em ação três engrenagens que formam o Sistema MRD: **mito**, **rito** e **doutrina**. Para exemplificar cada um desses pontos, vamos analisar detalhes do sistema aplicado à marca mais bem-sucedida do mundo ocidental: a Igreja Católica Apostólica Romana.

O MITO

Mitos são histórias poderosas que transcendem o tempo e a cultura, transmitindo os valores e a identidade do grupo. Eles personificam a jornada do movimento, reforçando o significado do grande ideal

---

34 DURKHEIM, E. **As formas elementares da vida religiosa**. São Paulo: Martins Fontes, 2003. p. 38.

e a importância da luta contra o inimigo. Os mitos evocam emoções, conectam os membros em um nível mais profundo e inspiram ações em prol da causa. Dentro dos mitos, existem três tipos de narrativa: a **história de criação**, a **jornada do líder** e os **argumentos da causa**.

A história de criação narra aos membros da tribo a origem do movimento, a resposta à pergunta "de onde viemos" para chegar até aqui. Ela fornece o panorama da causa, sedimenta o lugar que ocupamos hoje e nos faz vislumbrar para onde vamos.

A jornada do líder é a história do surgimento dessa figura que encabeça o movimento e da sua visão, dos desafios enfrentados, da sua missão, além de detalhes como o lugar de onde ele veio, por onde passou e onde chegou. Já os argumentos da causa são as projeções de futuro, os testemunhos, as indignações e as metáforas, parábolas e analogias.

Vamos entender na prática com o exemplo da Igreja Católica. A Bíblia é o livro mitológico do cristianismo porque reúne todas as histórias importantes para a religião. Como assim? Os escritos da Bíblia são mitologia? Sim, entenda o porquê.

No senso comum, mito pode ser uma mentira ou algo fantasioso, mas a Filosofia o explica de um jeito diferente. A palavra "mito" vem do grego *mýthos*, que corresponde a uma narrativa tradicional cujo objetivo é explicar a origem e a existência das coisas. Esse foi o recurso usado por muito tempo para explicar tudo o que existe no universo. Assim, existem mitos que explicam a origem dos homens, dos fenômenos da natureza, dos sentimentos e muitos outros.

Além de explicar as origens, a mitologia – que é o conjunto dessas histórias que formam o imaginário humano – desempenha um papel moral na sociedade, exatamente o que faz a Bíblia desde

> **OS CONSUMIDORES SÃO SERES HUMANOS; LOGO, ELES ANSEIAM POR PERTENCER A ALGO, FAZER PARTE DE UMA TRIBO, DE UMA COMUNIDADE.**

sempre, contendo todas as metáforas, as analogias e o simbolismo da crença.

A história de criação é o Gênesis, que conta como Deus criou a Terra e tudo o que existe nela. A jornada do líder é a jornada de Jesus Cristo entre os homens. A Bíblia narra todos os perrengues pelos quais ele passou: o nascimento em uma manjedoura, as andanças pelo deserto onde enfrentou as tentações e o Diabo, a morte na cruz, a ressurreição no terceiro dia e a subida aos céus para viver a vida eterna.

Se você reparar bem, a trajetória de Jesus corresponde também aos doze passos da Jornada do Herói, criada pelo mitologista estadunidense Joseph Campbell. Em *O herói de mil faces*,[35] o autor explica a teoria de que todas as narrativas mitológicas compartilham a mesma estrutura básica, que são as doze etapas que o personagem principal percorre: (1) a vida no mundo comum; (2) o chamado à aventura; (3) a recusa inicial ao chamado; (4) o encontro com o mentor; (5) a travessia do primeiro limiar; (6) as provas, os aliados e os inimigos; (7) a aproximação da caverna secreta; (8) a provação; (9) a recompensa; (10) o caminho de volta; (11) a ressurreição; (12) o retorno com o elixir.

Não é minha intenção aprofundar a Jornada do Herói aqui. O que pretendo é que você entenda a estrutura mítica da mensagem dos grandes movimentos. Isso vale para a história de Jesus Cristo e das marcas mais icônicas da atualidade.

Para fechar este tópico do mito, existem os argumentos da causa, que são micronarrativas, pequenas histórias que reforçam a crença maior; devem ser sempre repetidas para ser internalizadas

---

35 CAMPBELL, J. **O herói de mil faces**. São Paulo: Cultrix/Pensamento, 2013.

pelos membros da comunidade, podendo ser fábulas, analogias e até frases de efeito. A Bíblia está recheada do começo ao fim dessas fábulas, como a do bom samaritano que ajudou um homem espancado, do filho pródigo que retorna ao lar depois de perder a herança que reivindicou, da distinção do joio e do trigo, lembrando que sempre haverá o mal querendo estragar as coisas boas e da transformação da água em vinho.

Criando a sua mitologia

Para fixar bem esse ponto, é necessário que você traga esse conhecimento para a sua realidade. Então, comece a estabelecer agora a mitologia do seu movimento e a escreva a seguir.

A história de criação do seu movimento
_____
_____
_____
_____
_____
_____
_____
_____
_____
_____

A sua jornada como líder

Os argumentos da sua causa

O RITO

Ritos são as práticas e as cerimônias que marcam os momentos de grande significado para a comunidade. Eles reforçam o senso de pertencimento e promovem a coesão, criando laços mais fortes entre todos. Celebrações, assembleias, manifestações simbólicas e outros eventos que reafirmam os valores compartilhados dentro do grupo são considerados ritos. Dentro de um grupo, os ritos podem ser desmembrados em **rituais**, **cultos** e **símbolos**.

Rituais

Rituais podem ser as práticas de afirmação que fortalecem as crenças do movimento. Para o catolicismo é a Quaresma, o jejum antes da Páscoa, e o não comer carne na Sexta-Feira Santa, por exemplo. Para as marcas, pode ser o incentivo da *skincare* noturna para dormir com a "pele das deusas" (cosméticos de cuidados com a pele), calçar o tênis e correr pela manhã (roupa ou calçado esportivo), assistir ao nascer do sol contemplando o horizonte (marca de surf) ou fazer o juramento do idealista (o meu movimento).

Celebrações também são rituais. Natal, Páscoa, Pentecostes são cerimônias da Igreja. Nos negócios digitais, pode ser a entrega de placas de premiação para clientes que alcançam um resultado específico, as fotos coletivas em eventos ou o *happy hour* on-line.

Existem também os rituais de protesto, que são as práticas adotadas para mostrar a luta contra algo ruim ou nocivo que pode prejudicar a comunidade. Na Igreja Católica, um ritual de protesto bem conhecido é a promessa, na qual as pessoas oferecem um sacrifício pessoal para combater um mal ou alcançar uma graça. Hoje é comum marcas criarem movimentos de protesto na internet usando *hashtags* e convocarem os seguidores para levar a ideia adiante.

Cultos

O culto é o encontro oficial e periódico da comunidade. No caso da Igreja, é a missa semanal ou as procissões nos feriados santos. Pode ser também a *live* de toda segunda-feira nas redes sociais, o encontro anual dos alunos de uma escola, o encontro semestral dos clientes da marca, os diversos eventos tipo *summits* do marketing.

Assim como os rituais, os cultos podem ser coisas simples que reforçam o estilo de vida ideal dos aderentes ao movimento, desde que sejam periódicos. Por exemplo, o grupo ir à academia todos os dias ou assistir a uma palestra específica uma vez por mês.

Símbolos

Fechando a parte do rito, símbolos são importantes para criar a atmosfera metafórica e a representação figurativa do movimento. A matriz de significado do movimento exerce o papel de propagar a simbologia, como os símbolos gráficos e materiais, os heróis ou as figuras icônicas, a trilha sonora, a experiência cinestésica ou os ícones de identificação. Alguns exemplos são a cruz do cristianismo, a hóstia sagrada, os santos, o yin-yang para a filosofia chinesa, as insígnias e o uniforme militar, a música de abertura dos eventos de *mastermind*.

A identidade visual também é parte da expressão simbólica, com paleta de cores, tipografia e estilo fotográfico. Quando bem elaborada e reforçada com a repetição dos elementos, ela ajuda no reconhecimento rápido do movimento em qualquer contexto ou ambiente. Por fim, os símbolos servem para reforçar a comunidade por meio de tudo o que os clientes veem, ouvem e sentem.

Criando os seus rituais, cultos e símbolos

Agora é a sua vez. Escreva a seguir os ritos do seu movimento.

Rituais

Cultos

Símbolos

A DOUTRINA

A doutrina de um movimento é o conjunto de crenças e dialetos que circundam as ações e os comportamentos da comunidade. É ela que estabelece os padrões de conduta, define o código ético e orienta as decisões do grupo. Ainda, funciona como uma bússola moral, mantendo a coesão e a integridade da comunidade, além de garantir que as ações estejam alinhadas com os objetivos e os valores do movimento.

Aqui é preciso prestar atenção. A doutrina é formada por **crenças** e **dialetos**, e cada um desses elementos se subdivide em outros pontos elementares.

Crenças

Dentro das crenças estão os **valores primários** e os **secundários**. Os primários compreendem o que é inegociável dentro do grupo. Por exemplo, na Igreja Católica esses valores são a fé, o amor a Deus sobre todas as coisas, o respeito ao próximo e a devoção. No meu negócio, são inegociáveis a lealdade, a liberdade, a coragem e a autenticidade acima de tudo.

Já os valores secundários são tudo aquilo que é enaltecido pelas pessoas do grupo. Tradição, família, bondade, vida e obediência aos princípios são enaltecidos pela Igreja. Inconformismo, criatividade e sabedoria, pelo meu movimento.

Também são crenças os **sonhos compartilhados**, ou seja, o mundo ideal em que a comunidade quer viver. Alcançar a vida eterna e chegar ao reino dos céus, tornar o Brasil um país desenvolvido, enriquecer um milhão de líderes de movimento são alguns exemplos.

As **proibições** fecham essa estrutura, sendo as condutas ou crenças inaceitáveis por quem faz parte da comunidade. No catolicismo, é proibido o culto a outras entidades e religiões, a quebra da castidade antes do casamento, a quebra do celibato por padres e o aborto. No marketing ideológico, é malvisto mentir ou manipular para conseguir resultados e ser um líder falso ou hipócrita.

Dialeto

Dialeto é a linguagem própria de algumas comunidades dentro de uma mesma língua. No Brasil, falamos a língua portuguesa, mas existem vários dialetos, como o caipira, o nordestino e o gaúcho. É natural do dialeto ter as próprias marcas linguísticas, estrutura semântica e características fonológicas.

Os falantes de um mesmo dialeto se reconhecem como iguais, têm um sentimento de união e pacto grupal muito forte porque compartilham uma mesma linguagem muitas vezes só compreendida por eles. Por isso, as comunidades em torno das marcas acabam desenvolvendo jeitos próprios de falar e se expressar, criando um sistema de códigos compartilhados apenas por quem faz parte do grupo.

Nos dialetos das marcas existem os **jargões** e as **gírias**. Nas religiões, essa é uma forma de diferenciar os fiéis de cada igreja. Em uma situação ruim, um católico vai dizer "minha Nossa Senhora!", enquanto um evangélico vai dizer "está repreendido em nome de Jesus!". Exemplos de jargões e gírias falados pela minha comunidade e de outros experts do mercado digital são: "avante!", "pra cima!", "é só o começo", "raízes firmes e olhos no futuro".

Também existem o **mantra central** e os **mantras secundários**. O central é a frase que resume o grande ideal – no meu caso, "servir, ser visto e ser lembrado". Os secundários reforçam a primeira ideia, como em "dê lucro para a história", "torna-te quem tu és, pois existem pessoas esperando por ti", "primeiro eu, depois os meus, depois o mundo!", "o mundo recompensa os curiosos", "criar é matar a morte".

Estabelecendo a sua doutrina

Quais são os seus valores primários?

Quais são os seus valores secundários?

Quais são os sonhos compartilhados da sua comunidade?

O que é proibido no seu grupo?

Quais são os jargões e as gírias da sua marca?

Qual é o seu mantra central (grande ideal)?

Quais são os seus mantras secundários?

A LITURGIA DO MOVIMENTO

Mito, rito e doutrina compõem a liturgia dos movimentos e completam a estrutura de uma comunidade comprometida com uma causa. Isso vale para marcas e religiões, para perfis de Instagram superengajados com milhões de seguidores e para seitas e ordens iniciáticas, como a Maçonaria e o Santo Daime.

Você, futuro líder de movimento, precisa preencher as lacunas e usar essas ferramentas em toda a sua comunicação, para que a comunidade fique cada vez mais forte. Trate seus produtos e serviços, assim como a sua produção de conteúdo, como se fossem uma religião. Porque, no fundo, são. "Religião" vem do latim *religare*, que significa religar, voltar a ligar. Você, com o seu movimento, estará reconectando os membros da sua tribo com o propósito maior delas. Assim como fazem as religiões.

É por isso que as pessoas fazem questão de ir à missa todo domingo e assistir à *live* semanal do influencer favorito delas, participar do lançamento de um novo iPhone todo ano e vestir roupas e acessórios com o logo da grife preferida.

OS MITOS EVOCAM EMOÇÕES, CONECTAM OS MEMBROS EM UM NÍVEL MAIS PROFUNDO E INSPIRAM AÇÕES EM PROL DA CAUSA.

Comunidade engajada e líder corajoso formam o legado, que é a história que o movimento vai deixar para o mundo para ser contada e recontada, transcendendo o tempo e as pessoas. Mito, rito e doutrina, juntos, fazem a comunidade se retroalimentar de uma forma extremamente poderosa.

Mas ainda é necessária mais uma coisa para deixar tudo isso bem redondo: a **identificação da comunidade**. Como se alcança isso? Com o nome da tribo sendo aceito e enaltecido por todos.

08 A PERSONA IDEOLÓGICA E O NOME DE IMPACTO

Se você tem um negócio ou está à frente de um, já deve ter ouvido falar em persona. No marketing digital, esse conceito representa a personificação do cliente ideal, caracterizando a criação de um personagem, uma pessoa fictícia que concentra todas as melhores características de quem você quer ter como cliente. Essa persona tem gênero, idade, atributos físicos e emocionais específicos e, muitas vezes, até um rosto. No mapeamento da persona, empresários ou marketeiros seguem um roteiro para "desenhar" esse cliente ideal. Ao final, escrevem um pequeno texto resumindo essa pessoa fictícia.

Veja um exemplo de uma persona de curso de emagrecimento: Natália tem 38 anos, é professora universitária, casada e tem três filhos. Ela trabalha muito, tanto na universidade quanto em casa, já que leva muitas provas e trabalhos de alunos para corrigir. Além disso, precisa dar conta das tarefas domésticas, levar e buscar as crianças nas atividades diárias delas e administrar os perrengues da família. Com os anos e a falta de tempo, ela acabou se deixando em segundo plano, descuidou da própria alimentação e engordou mais de 15 quilos. Agora, ela vê o casamento entrando em crise e busca um plano para emagrecer e ter mais qualidade de vida.

Por um lado, não há nada de errado com esse resumo. Natália é o retrato da pessoa que compraria um curso on-line de emagrecimento que oferecesse um método prático, factível, rápido e fácil de executar. Seria perfeito, não fosse por um detalhe que pode colocar tudo a perder para o dono do curso que quer mudar a vida da Natália: ela não existe de verdade. Ela nasceu em uma reunião de *brainstorm* entre o próprio criador do curso, uma redatora de vinte e poucos anos que não tem filhos, o cara do tráfego pago que vai veicular as campanhas de marketing e algumas pesquisas em redes sociais. Todos se juntaram em uma reunião virtual e decidiram imaginar uma pessoa que compraria o curso. E é com base nisso que produzem conteúdo, rodam campanhas de vendas e, muitas vezes, até sonham com ela.

Consegue perceber que essa abordagem baseada apenas em características demográficas e necessidades individuais "intuídas" é muito limitada? O que proponho é mudar radicalmente o jeito de mapear o cliente ideal. É importante que todo empresário conheça essa persona, mas sem achismos, com método validado pela vida real. Chamo esse mapeamento de **persona ideológica**, e a forma de a conhecer é bem diferente do método tão propagado nos últimos anos pelo marketing digital.

A PERSONA IDEOLÓGICA

Persona ideológica é um conceito novo, baseado em conhecimento antigo há muito tempo sedimentado pela Sociologia e pela Antropologia. O método para chegar a esse perfil é holístico e vai bem mais fundo na busca por conhecer as pessoas que serão os grandes fiéis da marca em questão. Além de características pessoais e demográficas, a metodologia leva em conta o contexto social e cultural em que o cliente vive, e também crenças, valores e princípios. O objetivo, com isso, é construir uma comunicação poderosa e viciante.

Se o ser humano é fruto do meio, não se move apenas por buscas individuais, mas pela relação com o grupo em que está inserido, os desejos dele são miméticos a esse grupo. Se o sujeito compartilha um sistema de crenças coletivo, não faz muito sentido entender esse potencial cliente observando apenas o indivíduo.

Talvez você ache que tudo isso é muito novo e diferente e que eu estou escrevendo loucuras da minha cabeça, mas na verdade é tudo baseado em estudos fundamentados de pesquisadores sérios. Autores consagrados das Ciências Sociais e do Marketing, como Michel Maffesoli, Mark Earls e Seth Godin, têm explorado a importância das comunidades, do inconsciente coletivo, da formação de identidades e dos valores compartilhados dentro de grupos sociais para entender a evolução das tendências de consumo.

Com a persona ideológica, todos esses conceitos são aplicados ao marketing para ajudar empresas a criar movimentos em torno das marcas. Eu já testei isso inúmeras vezes, tanto comigo quanto com os meus clientes, e o resultado é de muitos milhões a mais no caixa.

Quando uma marca é capaz de compreender e articular os valores e as crenças compartilhadas pelos clientes, ela consegue criar uma narrativa poderosa que ressoa emocionalmente com as pessoas e as inspira a ser parte de algo maior do que elas mesmas. A persona ideológica é a base sobre a qual movimentos fortes podem ser construídos, por isso se tornou um dos elementos mais poderosos na caixa de ferramentas do marketing moderno. Afinal, como vimos até aqui, pessoas não compram produtos, compram os desejos mais profundos embalados em vitrines simbólicas e ideológicas.

Entender de pessoas é entender de escala. Ao conhecer o seu público-alvo em um nível mais profundo, você pode criar uma

"QUANDO UMA MARCA É CAPAZ DE COMPREENDER E ARTICULAR OS VALORES E AS CRENÇAS COMPARTILHADAS PELOS CLIENTES, ELA CONSEGUE CRIAR UMA NARRATIVA PODEROSA QUE RESSOA EMOCIONALMENTE COM AS PESSOAS E AS INSPIRA A SER PARTE DE ALGO MAIOR DO QUE ELAS MESMAS."

conexão emocional mais forte com o grupo. Compreendendo as necessidades e os problemas dele, pode construir confiança e fidelidade e, a partir disso, criar mensagens e experiências de marca que ressoam com um maior número de pessoas e as ajudam a criar um senso de identidade compartilhada.

Estamos em guerra

Estamos em uma batalha pela conquista de um território na mente das pessoas. Vamos usar como analogia a arte da guerra. Imagine que o seu objetivo é dominar um país. O que você precisa fazer primeiro?

Errou se pensou que primeiro precisa reunir os soldados e partir para o desconhecido. Antes de tudo, você precisa se conhecer. Já falamos disso, mas preciso enfatizar: você precisa se conhecer para encontrar o seu grande ideal, ser um líder corajoso, saber o que ou quem ameaça o sucesso do seu movimento e, assim, construir uma comunidade engajada.

No século IV a.C., o general e filósofo Sun Tzu deixou escrito um tratado militar com o título *A arte da guerra*, no qual escreveu:

> *Se conhecer o inimigo e a si mesmo, não temerá o resultado de cem batalhas. Se conhecer a si mesmo, mas desconhecer o inimigo, a cada vitória, também sofrerá uma derrota. Se não conhecer nem o inimigo nem a si mesmo, sucumbirá em todas as batalhas.*[36]

---

36 TZU, S. **A arte da guerra**: um clássico sobre estratégia e liderança. São Paulo: Gente, 2021. p. 36-37.

No marketing é a mesma coisa. Por isso eu não acredito nessa coisa de o expert ou o negócio se moldar ao público, até inventando uma personalidade determinada na expectativa de agradar ao cliente. Isso não funciona porque é falso! É só uma máscara. Assim, primeiro, você tem de se entender e, a partir de uma lente voltada para dentro, buscar entender o outro. Nós não vemos o mundo como ele é, nós vemos o mundo como nós somos, então você só consegue observar o outro a partir de si mesmo.

Só assim, então, poderemos avançar na batalha. Você vai se mover para dominar o território do imaginário e dos desejos do seu potencial cliente. No processo de doutrinação, é preciso conquistar e ocupar espaço na mente do cliente, assim como um general usaria estratégias para conquistar uma cidade ou uma nação. Para isso, é preciso mapear três pontos específicos a respeito do público-alvo: **o terreno**, **os desejos** e o **credo**.

O terreno

Mapear o terreno é entender a demografia do cliente ideal. É preciso saber onde ele vive e como vive, porque faz uma enorme diferença saber se ele mora em grandes centros ou em uma cidade do interior, se é no Sudeste ou no Centro-Oeste do país e se pertence à classe C ou à AAA. Indivíduos de cada grupo desses mencionados são completamente diferentes, com costumes diversos e enfrentamentos diários mais divergentes ainda.

Perceba que não estou falando de um indivíduo fictício, de uma persona tradicional. Falo de um grupo que tem as mesmas características socioculturais e demográficas. O que você está mapeando? Você está sondando o terreno que vai invadir, buscando um caminho para conhecer a identidade dos clientes ideais e fincar uma bandeira da sua marca na mente delas. Por isso, é preciso saber se são pessoas de vinte e poucos anos ou se estão na faixa dos quarenta e cinquenta, se estão no início da vida profissional ou se estão com a vida feita, se enfrentam trânsito todos os dias para ir à padaria ou se fazem o pão em casa.

Entende como isso impacta a forma como você vai falar com o seu público? Os dramas e as ciladas da vida mudam conforme a geração que as enfrenta. Por exemplo, se estou falando com empresários que vivem na grande São Paulo, em Alphaville, e são da classe AAA, então estou falando com pessoas que têm problemas e desejos específicos, baseados nesse estilo de vida. Por isso vou desenvolver uma comunicação que de fato converse com essas pessoas. Preciso definir em algum nível uma atmosfera simbólica por meio de design, estilo verbal, não verbal e textual que atraia esse tipo de cliente.

Entenda: é tudo relacionado a quem você quer "salvar" com o seu movimento. Porém, para que possa salvar um público específico com o seu produto, precisa primeiro conhecê-lo e entender como ele vive para poder desenvolver toda a sua comunicação baseada em um estilo de vida real, de um grupo social, e não de um indivíduo fictício.

O desejo

Aqui mapeamos o que o consumidor mais deseja da vida. Quais são os hábitos de compra dele? Por que escolhe este ou aquele produto, esta ou aquela marca? Quais são as influências que o ajudam a tomar decisões: a família, os amigos, a mídia ou as redes sociais?

Compreender esses comportamentos, os objetivos e os desafios que levam à compra ajuda a identificar as motivações e os desejos do cliente e, assim, a criar mensagens de marketing baseadas na personalidade e no estilo de vida dele.

Vale lembrar que uma pessoa, sozinha, não tem desejos. É o grupo a que ela pertence ou quer pertencer que deseja algo coletivamente, então a pessoa mimetiza esse desejo. Isso define, por exemplo, se esse indivíduo vai frequentar os centros comerciais populares de São Paulo ou o JK Iguatemi, um shopping de luxo da capital paulista.

Homens e mulheres também consomem de modo diferente. O homem sai para comprar como se estivesse em uma missão, enquanto a mulher está em uma jornada. Em geral, o homem é mais rápido e direto nas decisões, busca o benefício real e a tangibilidade do produto ou serviço. A mulher valoriza a experiência e a emoção.

Por que o shopping Cidade Jardim, um dos mais luxuosos de São Paulo e do país, é tão cheiroso? Porque o público que passa por lá é essencialmente feminino. Há lojas masculinas, mas a maior parte delas monta as vitrines pensando nas mulheres de alta renda. Prada, Gucci, Louis Vuitton, Hermes, Cartier são exemplos. Tem produto para homem? Tem, é claro, mas quem compra mais na Gucci?

Então, caro leitor, se você está no mercado digital, é bem provável que tenha aprendido copywriting do jeito errado e por isso não está tendo resultado como gostaria. Se confiou em fórmulas e roteiros matadores, é provável que tenha investido errado também. Antes de imaginar o desejo dos seus futuros consumidores, é preciso entendê-los de verdade, com pesquisas e conversas. Sem achismos.

Aqui cabe uma dica valiosa: você encontra muitos dados e informações riquíssimas em pesquisas sérias de institutos como o IBGE e bancos de teses de universidades que valem mais do que ouro. Não tem desculpa para você ficar fazendo pesquisa fraca nos *stories* do Instagram ou se valer de uma pessoa inventada que você, de modo completamente infantil, responsabiliza pela maior parte dos resultados da sua empresa. É só procurar no Google para achar os estudos completos.

Para adiantar a sua vida, vou dar algumas informações sobre comportamento de consumo das gerações atuais. Lembrando que são características gerais dos grupos geracionais.

- **Baby boomer**: pessoas que nasceram entre 1946 e 1964. Entraram no mercado de trabalho no começo dos anos 1970 e passaram por períodos econômicos de crise intensa. É um público mais conservador, no geral, que prioriza a estabilidade financeira e prefere marcas já consolidadas.

- **Geração X**: nasceu e foi criada em tempos de muitas incertezas econômicas. As pessoas desse grupo nasceram entre 1965 e 1980, viveram uma parte da ditadura militar e começaram a trabalhar em meados dos anos 1980. Vivenciaram avanços tecnológicos relevantes, como a substituição dos equipamentos analógicos por digitais e o início da internet. Atualmente, ocupam boa parte dos cargos de liderança e, apesar de também preferirem marcas mais consolidadas no mercado, são mais abertas a testar novos negócios e têm apreço pelo empreendedorismo.

- **Geração Y ou millennial**: está no centro do consumo nos últimos anos. São os nascidos entre 1981 e 1996, no geral, filhos dos baby boomers, e mantêm certo conflito com quem os criou. São mais interessados em cultura e educação, mais abertos a novidades e menos apegados a marcas tradicionais. Priorizam o trabalho de que gostam e não têm a mesma preocupação com estabilidade financeira que as gerações anteriores. Na hora de comprar, fazem muitas pesquisas on-line e confiam nas indicações de amigos em relação a marcas menos conhecidas.

- **Geração Z**: são os nascidos entre 1997 e 2009. Alguns viram os pais passarem pela crise de 2008, então talvez por isso são mais conscientes financeiramente e buscam carreiras mais estáveis. Essa geração cresceu com a internet, vive e respira o meio digital e o considera parte essencial do dia a dia: do consumo à interação social, ao estudo e à informação. Têm preferência por marcas com forte presença on-line e bem posicionadas digitalmente.

- **Geração alpha**: a mais recente das gerações, é composta dos nascidos entre 2010 e 2025. Têm forte influência dos pais que, no geral, são millenials e, por conta disso, são imergidos em preocupações sociais, ambientais e financeiras desde cedo. Essa geração consome conteúdos em dispositivos móveis desde muito jovem e passa muitas horas em frente às telas. Já há criadores de conteúdo nessa turma! Geralmente gostam de tecnologia, estão sempre atentos a novidades e valorizam a opinião dos influenciadores digitais.

O credo

Mapear o credo é entender a cultura das pessoas, a religiosidade e a ideologia de vida delas. Esse contexto inclui valores, crenças, hábitos culturais e tradições. São fatores que podem influenciar – e muito – o consumo e ajudar a entender como a cultura e a sociedade afetam as necessidades e os desejos dos clientes.

Você pode estar se perguntando agora: "não vou criar uma ideologia com o meu movimento e agregar pessoas a ela?". Sim, mas há ideologias profundas demais para serem mudadas, então você precisa compreendê-las e adaptá-las à narrativa do seu movimento.

Primeiro as pessoas se identificam com o que já conhecem para depois buscar o novo parecido com o antigo. Ficou confuso? Vou explicar: se algo é disruptivo demais, sem lastro na realidade do agora, a tendência do grupo é descartar aquilo, porque o cérebro não vê congruência naquele momento.

Por exemplo, em 2024, a Apple lançou o Vision Pro, um par de óculos que combina realidade virtual e aumentada para promover experiências imersivas, integrando os mundos físico e virtual. O *gadget* dispensa controles físicos e funciona a partir de comandos de voz, de olhares e de gestos.

Em 2013, o Google tentou fazer isso com o Google Glass. Os princípios eram parecidos, mas a ideia não só foi rejeitada como também proibida em muitos lugares: bares e cinemas chegaram a barrar a entrada de usuários com o equipamento por conta de problemas com a privacidade das outras pessoas. O fato é que o mundo não estava pronto para aquela inovação. Naquela época, um par de óculos de realidade mista não era um desejo latente de um grande grupo de pessoas.[37]

Outro exemplo, agora no campo da política: os bolsonaristas se apropriaram do verde e do amarelo da bandeira brasileira e da logo da Confederação Brasileira de Futebol (CBF) nas eleições presidenciais de 2018 e durante todo o mandato de Jair Bolsonaro. Como as cores da bandeira e a logomarca da CBF são símbolos de patriotismo no Brasil, usar esses elementos é como se apropriar da ideia de amor à pátria e associá-la ao movimento.

Enfim, mapear o credo, o desejo e o terreno é compreender o indivíduo dentro do grupo para desenhar a persona ideológica, aquela que vai aderir ao movimento.

NOME FORTE

Todo movimento precisa de um nome forte, algo que dê contorno, que tangibilize tudo aquilo que, até então, estava no imaginário. Esse nome vem da junção de quem é a persona ideológica e do que ela conhece da comunidade.

Nomes de comunidade são sempre adjetivos, substantivos ou siglas. Exemplos: patriotas, imparáveis, libertários, trabalhadores, decididas, legendários, cristãos, Apple lovers e idealistas. Algumas siglas também nomeiam movimentos fortes, como MBL (Movimento Brasil Livre) da direita política, AAA ou Triple A (os super-ricos), LGBTQIAPN+ (movimento que defende a diversidade de orientações sexuais e identidades de gênero).

---

37 WEIDNER, J. B. Why Google Glass failed. **Investopedia**, 20 jul. 2023. Disponível em: https://www.investopedia.com/articles/investing/052115/how-why-google-glass-failed.asp. Acesso em: 12 jun. 2024.

> **ANTES DE IMAGINAR O DESEJO DOS SEUS FUTUROS CONSUMIDORES, É PRECISO ENTENDÊ-LOS DE VERDADE.**

Inclusive, aqui vai uma observação em relação ao nome do movimento LGBTQIAPN+. É claro que é um movimento extremamente importante, mas é confuso que, de tempos em tempos, sejam acrescentadas mais letras à sua sigla. Acredito que isso deixa muitas pessoas inseguras, com receio de acabarem errando o nome e, sem querer, excluir alguém. O movimento teria muito mais adesão e reconhecimento se tivesse um nome mais representativo, mas simples, para não precisar ser mudado toda hora. Por exemplo, a comunidade poderia ser conhecida como Os Livres. Muito mais simples, não?

Ao escolher o nome, o importante é colocar na balança o que é o movimento e quem é a comunidade, pois ela precisa se identificar com aquele termo. Além disso, precisa ser fácil de entender, de falar e de se apropriar. Não adianta inventar um nome que não ressoa com os membros do grupo. Nome de tribo não é "oi, minhas borboletas, como vocês estão?". Um nome forte é aquele que se torna a identidade do grupo, aquele que as pessoas vão ter orgulho de compartilhar e de dizer que fazem parte.

Então, não tenha pressa para criar esse nome. É como escolher o nome de um filho. Porque, de algum modo, o seu movimento é o seu filho, e a forma como você vai chamá-lo pode determinar o seu futuro. Agora falta saber como levar esse movimento recém-criado adiante.

> UM NOME FORTE É AQUELE QUE SE TORNA A IDENTIDADE DO GRUPO, AQUELE QUE AS PESSOAS VÃO TER ORGULHO DE COMPARTILHAR E DE DIZER QUE FAZEM PARTE.

09
A NARRATIVA IDEOLÓGICA

Chegamos à parte mais importante do processo de levar um movimento autêntico, forte e impactante para o mundo. Até aqui, falamos de mapeamento e construção. Agora, começaremos a etapa de propagação e fidelização. Mas não se engane: não chegaríamos a este ponto sem as fases anteriores. Cada passo é importante na jornada, por isso nunca negligencie o processo.

A narrativa ideológica é a essência do movimento em um modo "embalado para viagem". Aqui, o movimento ganha uma história coesa, impossível de ser ignorada pelos membros da comunidade, que querem levar essa mensagem adiante e espalhá-la pelos quatro cantos e por onde estiverem. É com a narrativa que o movimento se consolida e cresce.

A união de tudo o que foi construído (o grande ideal, o líder corajoso, o inimigo ameaçador e a comunidade identificada) fornece as bases para a criação de uma **história única** ou **proposta de valor**. Isso resulta em uma narrativa que facilita a compreensão da mensagem do movimento como um todo.

Uma ressalva: a narrativa ideológica vai muito além da mera apresentação de fatos e de informações isoladas, encadeadas em uma história bonita e bem escrita. Ela deve ser visceral, capaz de criar um vínculo emocional e intelectual com a sua audiência. Deve ser forte o bastante para conectar as pessoas profundamente com a causa defendida, os valores e os objetivos do movimento.

O grande ideal é o farol que guia e ilumina o movimento. É a visão inspiradora que mostra um mundo muito melhor que o atual, que faz vislumbrar um objetivo importante a ser alcançado. O líder corajoso é a personificação dessa visão de longo alcance, é a força motriz que encoraja a todos para seguir com o movimento, custe o que custar. As histórias de conquistas e a coragem inabalável inspiram e promovem a ação dos demais.

O inimigo ameaçador lembra a tribo, todos os dias, de que existe um motivo para todos se movimentarem e que é preciso estar sempre atento porque, diante do esmorecimento, o mal se fortalece. O inimigo são os obstáculos e as ameaças que colocam a busca pelo grande ideal à prova todos os dias. Identificar e compreender esse elemento mantém a comunidade unida e engajada, compartilhando os mesmos valores e aspirações.

Então, ao criar a narrativa ideológica do seu movimento, atente-se para construir uma história de valor que una todos os pilares fundamentais de modo coerente e envolvente. Seja um líder corajoso e se apresente como tal, não deixe de comunicar a sua visão inspiradora de futuro, não tenha medo de desagradar a quem não compartilha os mesmos ideais e, acima de tudo, esforce-se para criar uma conexão emocional com a sua comunidade. Essa é a receita de uma narrativa ideológica poderosa, que move multidões.

A ESTRUTURA DUAL DA NARRATIVA IDEOLÓGICA

Existem duas formas de instigar as pessoas a querer fazer parte de um movimento: a narrativa baseada no medo e a narrativa baseada nos sonhos. As duas abordagens têm o poder de influenciar e mobilizar as pessoas para despertar emoções, atender a um chamado e direcionar as ações.

O medo desperta as preocupações e as inseguranças, criando um senso de urgência e destacando os perigos e as ameaças ao movimento. O objetivo é despertar a necessidade imediata de proteção daquela causa e estimular a ação motivada pela autodefesa e defesa do grupo.

Já o sonho revela a esperança, a possibilidade de um futuro melhor e mais feliz. Ele envolve a audiência e se fortalece com narrativas positivas e aspiracionais, com destaque para os benefícios e os resultados que o movimento vai proporcionar. É uma abordagem baseada no desejo de fazer parte de algo maior, incentivando a ação motivada pelo anseio da realização de um propósito significativo para toda a comunidade.

Não existe uma estrutura melhor que a outra, existe a que se encaixa melhor na sua mensagem. É preciso ter muito claro qual é o seu movimento e conhecer muito bem a sua tribo para escolher uma ou outra abordagem.

Estrutura baseada no medo

Nessa estrutura, você vai criar uma narrativa ideológica que começa com o inimigo, mas dá destaque ao líder corajoso, munido de um grande ideal que é capaz de derrotá-lo. A missão é fortalecer o pertencimento da comunidade por meio da união da tribo em torno das ações que precisam ser tomadas, inspirando o enfrentamento de tudo e de todos para cumprir o grande ideal.

A narrativa com base no medo destaca uma indignação generalizada e compartilhada pelos membros da comunidade. A estrutura utilizada contém os seguintes elementos: **indignação, futuro, presente, luta, provação** e **recompensa**.

"VOCÊ PRECISA SE CONHECER PARA ENCONTRAR O SEU GRANDE IDEAL, SER UM LÍDER CORAJOSO, SABER O QUE OU QUEM AMEAÇA O SUCESSO DO SEU MOVIMENTO E, ASSIM, CONSTRUIR UMA COMUNIDADE ENGAJADA."

Veja um exemplo:

- **Indignação**: havia um sentimento generalizado de indignação entre as mulheres na faixa dos 25 aos 35 anos. Elas estavam cansadas de ser bombardeadas por produtos alimentícios processados e pouco saudáveis que prometiam resultados milagrosos, mas não entregavam o que prometiam. Essas mulheres estavam frustradas com a propagação de padrões de beleza irreais e com a pressão para que se encaixassem em um molde estereotipado.

- **Futuro**: elas ansiavam por uma mudança genuína. Desejavam produtos saudáveis e naturais que as ajudassem a alcançar uma versão mais vibrante e autêntica de si mesmas. Sonhavam em se sentir energizadas, confiantes e em sintonia com o próprio corpo. Procuravam um estilo de vida equilibrado, que combinasse saúde, beleza e bem-estar.

- **Presente**: apesar de testar diversas opções de produtos, essas mulheres ainda se sentiam desapontadas e desencorajadas com os resultados inconsistentes que não se mantêm e as levam de volta à estaca zero. Elas experimentaram dietas restritivas, pílulas "milagrosas" e programas de exercícios extenuantes, mas permaneciam sem alcançar os resultados duradouros que desejavam. Sentiam-se presas em um ciclo frustrante de estagnação.

- **Luta**: essas mulheres decidiram se levantar contra essa realidade e enfrentar a ameaça que representa a indústria de produtos falsos, que as adoece e não cumpre as suas promessas. Elas estavam determinadas a encontrar uma alternativa verdadeiramente saudável e transformadora. Armadas com informações e coragem, estavam prontas para desafiar as normas e buscar algo melhor.

- **Provação**: essas mulheres embarcaram em uma jornada de autoconhecimento e pesquisa. Testaram diversos produtos, estudaram ingredientes, consultaram especialistas e compartilharam experiências com outras mulheres que também buscavam uma mudança positiva na vida. Passaram por momentos desafiadores, mas permaneceram comprometidas com a sua jornada.

- **Recompensa**: então, finalmente, elas descobriram uma marca de produtos saudáveis que atendia a todas as suas expectativas. Essa marca se destacou pela transparência, pela qualidade e eficácia comprovada. Os produtos oferecem ingredientes naturais, sabor delicioso e resultados visíveis e comprovados. As mulheres, então, começaram a notar uma transformação real, sentindo mais energia, tornando-se mais confiantes e radiantes. Ao escolher essa marca, elas não apenas encontraram uma solução para as necessidades como também se tornaram parte de uma comunidade unida de mulheres que valorizam o cuidado com o corpo e com a saúde em todos os aspectos, assim como a autenticidade e a transparência. Viram na marca um contraponto na luta contra a indústria da saúde fake, que só pensa no lucro, e não nas pessoas.

Estrutura baseada em sonho

A narrativa com base no sonho transmite uma mensagem inspiradora e incentiva as pessoas a se juntar à comunidade identificada, apoiando o líder corajoso na busca pelo grande ideal. Essa estrutura é flexível e pode ser adaptada de acordo com as necessidades e as características do movimento. O objetivo principal é criar uma narrativa envolvente, coerente e inspiradora que junte os quatro pilares fundamentais do movimento e motive a ação da audiência.

Veja um exemplo desse tipo de narrativa:

- **Imagine um futuro**: nele, os relacionamentos amorosos serão fonte apenas de felicidade, compreensão e conexão profunda. Um mundo em que os casais possam superar dores e desafios, fortalecendo laços e construindo relacionamentos saudáveis e duradouros. Um paraíso onde a traição não seja mais uma sombra nas relações, e sim algo impensável, porque há amor e lealdade.

- **Dores do presente**: infelizmente, essa ainda não é uma realidade. Muitos casais enfrentam dificuldades no relacionamento porque não há conversas sinceras, a lealdade não é um valor presente e as traições são banalizadas e dolorosas – tudo isso abala a confiança, a intimidade e a harmonia. As pessoas se sentem perdidas, feridas e com medo de perder aqueles que amam, e isso as afeta emocionalmente, abalando a saúde e o bem-estar.

- **Jornada para o sonho**: é no momento de dor e incerteza que a jornada para o sonho começa. Um psicólogo especialista em terapia de casais, com base em conhecimento e experiência, está pronto para guiá-los na jornada de cura e reconstrução. Ele oferece um espaço seguro e acolhedor, onde cada pessoa que em algum momento da vida se desconectou pode expressar emoções, compartilhar medos e traumas e começar a trabalhar com o parceiro para restaurar a confiança e a conexão perdidas.

- **Limiar de chegada**: à medida que os casais mergulham na terapia, começam a encontrar um caminho para a cura e a reconciliação. Juntos, exploram feridas passadas, trabalham a comunicação efetiva, estabelecem limites saudáveis e aprendem a reconstruir a confiança mútua. O psicólogo os orienta com técnicas e estratégias comprovadas, ajudando-os a superar os obstáculos e encontrar esperança em um futuro feliz juntos.

- **Recompensa**: a recompensa dessa jornada é a possibilidade de ter um relacionamento fortalecido, sadio e amoroso, em que os casais aprendem a se comunicar de modo aberto e honesto, a nutrir a intimidade emocional e a reconstruir a confiança perdida. Eles descobrem um novo nível de compreensão, conexão e respeito mútuo. O psicólogo especialista em terapia de casais oferece a cura e o resgate do afeto perdido, evitando divórcios e ajudando os casais a construir uma relação mais sólida, com o amor e a felicidade que desejam.

COLOCANDO A SUA NARRATIVA NO MUNDO

Note que não basta criar as narrativas, é preciso ativá-las. E como fazer isso? Você vai precisar de um evento.

Martin Luther King Jr. subiu em um palanque em frente a mais de 250 mil pessoas e de outras milhares que assistiam pela televisão. Nos degraus do Lincoln Memorial, em Washington, fez o mais famoso discurso dele, mais tarde intitulado "I have a dream" (eu tenho um sonho, em tradução livre). As palavras dele entraram para a história e foram o pontapé de uma narrativa de sonho – literalmente! – de um futuro mais justo para a comunidade negra tanto daquela época quanto de hoje. Essa fala ainda inspira os defensores da igualdade racial nos Estados Unidos e em todo o planeta.[38]

Steve Jobs subiu ao palco em 9 de janeiro de 2007 para apresentar o primeiro iPhone.[39] Aquela palestra foi um marco tão ou mais significativo que o próprio produto inovador, que combinava recursos inéditos, como design elegante, recursos e interface intuitiva, o que mudou para sempre a forma como usamos celulares.

"Este é o dia pelo qual estive esperando por dois anos e meio". Assim Jobs começou a fala, que continuou com palavras inspiradoras e o convite aos presentes para "fazer história juntos". Na época, a Apple esperava conquistar 1% de participação no mercado de celulares, vendendo 10 milhões de iPhones em um ano. Demorou apenas 74 dias para a empresa vender o primeiro milhão dos novos

---

38 DISCURSO completo de Martin Luther King – Eu tenho um sonho. *op. cit.*

39 STEVE Jobs apresenta primeiro iPhone (2007 – Legendado). 2015. Vídeo (7min24s). Publicado pelo canal SBAP Apresentações. Disponível em: https://www.youtube.com/watch?v=taTmpYQ_3jk. Acesso em: 12 jun. 2024.

aparelhos, que só chegaram às mãos dos compradores cinco meses depois. Ou seja, as pessoas acreditaram na narrativa de sonho e compraram a ideia do iPhone antes mesmo de ele existir.

A NARRATIVA COM BASE NO SONHO TRANSMITE UMA MENSAGEM INSPIRADORA E INCENTIVA AS PESSOAS A SE JUNTAR À COMUNIDADE IDENTIFICADA, APOIANDO O LÍDER CORAJOSO NA BUSCA PELO GRANDE IDEAL.

Em 2004, a Dove lançou a Campanha pela Beleza Real em um filme comercial. A campanha representou uma mudança de posicionamento da marca, que deixou de comunicar os benefícios dos produtos para comunicar uma causa, a da real beleza das mulheres, que poderiam se ver livres para sempre dos padrões impostos e rígidos da indústria cosmética, que não respeitava o corpo delas.

O filme *Dove Retratos da Real Beleza*,[40] produzido por brasileiros, ecoou tão profundamente entre as mulheres do mundo todo que apenas doze dias após o lançamento mais de 50 milhões de pessoas já haviam assistido; atualmente, é o vídeo publicitário mais visto no YouTube, além de ter vencido um prêmio no Festival de Cannes. Esse vídeo foi capaz de inspirar a partir de uma narrativa contra o inimigo ameaçador (a indústria cosmética que padroniza as mulheres) e marcou não só o reposicionamento da Dove,

---

40 DOVE Retratos da Real Beleza. 2013. Vídeo (6min35s). Publicado pelo canal Dove Brasil. Disponível em: https://www.youtube.com/watch?v=Il0nz0LHbcM. Acesso em: 11 jun. 2024.

mas uma mudança de paradigma de todas as marcas ligadas à beleza feminina.

Depois de mapear, criar e escrever a narrativa do seu movimento, você precisa lançá-lo ao mundo. Você pode promover uma campanha, criar um vídeo-manifesto, fazer um lançamento digital com aulas e *lives* ou subir em um palco diante de uma plateia para espalhar aos quatro ventos a sua causa. Não sei qual opção você vai escolher, mas é preciso criar um evento memorável para representar o marco de criação do seu movimento e congregar a sua comunidade.

A narrativa compartilhada dá voz à sua ideologia, reforça o credo do movimento e promove a grandeza da causa. Eu sei que seu movimento está latente aí dentro de você. Dê vazão à sua narrativa inspiradora e deixe-a ganhar o mundo.

Estabelecendo a sua narrativa ideológica

▎*Agora é a sua vez!*

Que tipo de narrativa você vai criar? De medo ou de sonho?

Reproduza todos os elementos da narrativa escolhida e escreva a história do seu movimento.

Defina como você vai lançar essa narrativa.

10 DESENVOLVA UM FUNIL DE DOUTRINAÇÃO

Se você estiver colocando em prática tudo o que proponho aqui, já escreveu os fundamentos do seu movimento, criou a sua narrativa de impacto e planejou o evento que vai lançá-la no mundo. Agora, você precisa garantir que tenha gente assistindo, vivenciando e compartilhando o seu evento – seja ele presencial, seja uma campanha digital. Para isso, você vai precisar de um funil.

Um funil de vendas ou captação, no marketing, é uma representação da jornada do lead ou do cliente desde o desconhecimento da solução apresentada até a compra. É um modelo fictício do caminho que uma pessoa percorre até comprar um produto ou serviço. Isso porque, na maior parte das vezes, até decidir passar o cartão, a pessoa passa por várias etapas em um processo que não é sempre linear, porém tem uma trilha previsível.

No modelo tradicional, as etapas são as seguintes:

- **Topo de funil**: é a etapa da consciência. A pessoa é indiferente à necessidade ou ao problema que enfrenta, por isso não está considerando a busca de uma solução. Na verdade, ela desconhece que tem essa demanda. Mas, ao entrar em contato com você, ela toma consciência da lacuna e começa a pesquisar o assunto.

- **Meio de funil**: é a etapa do reconhecimento do problema. O lead já reconheceu que vive a dor apresentada e já estudou o assunto. A pessoa já conhece você e as suas ideias, interage com o seu conteúdo e está buscando uma forma de resolver o problema dela. Ela considera a sua solução, mas também considera outras opções do mercado.

- **Fundo de funil**: é a etapa da decisão de compra. Os leads já passaram por toda a fase de educação e são classificados como qualificados. Eles sabem que precisam de ajuda para resolver dores e estão inclinados a comprar de você, ou seja, estão prontos para colocar o produto no carrinho, só precisam do estímulo certo, como o contato de um vendedor ou um *pitch* de vendas.

Qual é o problema desse modelo e do uso que se faz dele? É que a maior parte dos profissionais de marketing e empresários erra no processo de elevação do nível de consciência. Muitos querem começar a primeira etapa do funil com uma promessa, porém ela é, na verdade, a terceira etapa. Ou seja, logo de cara, o sujeito que nem sabia que tinha um problema é apresentado a uma promessa da marca, em geral seguindo fórmulas de copy, e isso mais atrasa a decisão de compra do que facilita a vida do lead. Isso é errado em níveis absurdos! Por quê? Porque as pessoas só confiam naquilo com o que se identificam, e a identificação nunca acontece com uma promessa feita às pressas para convencer alguém que acabou de conhecer o seu negócio.

Imagine o seguinte: em uma sexta-feira à noite, você encontra a sua alma gêmea em um bar. Há troca de olhares e uma conexão instantânea. Você se sente confiante, vai até a pessoa e diz: "Case-se comigo, eu prometo ser fiel até que a morte nos separe. Vamos ter três filhos, uma casa no campo e ser felizes para sempre".

Por mais que tenha havido uma simpatia no início, você provavelmente assustou a pessoa e ela saiu correndo para longe dessa promessa de amor eterno. Percebe a loucura? É exatamente esse tipo de apelo que andam fazendo por aí no marketing digital.

O que eu proponho é o uso do funil de doutrinação. A principal diferença entre ele e o funil tradicional é o foco, que, nesse caso, é gerar identificação ideológica primeiro para depois fazer uma oferta. É desse jeito que a conversão aumenta de maneira absurda e, inclusive, acelera a tomada de decisão do seu cliente.

No funil de doutrinação, a jornada do cliente fica assim: atração e captação através de uma **crença**, consciência por meio da **narrativa** e aquecimento e conversão em venda com uma **promessa**. Você atrai, conscientiza, aquece com a geração de desejo e depois apresenta uma oferta.

AS PESSOAS SÓ CONFIAM NAQUILO COM O QUE SE IDENTIFICAM, E A IDENTIFICAÇÃO NUNCA ACONTECE COM UMA PROMESSA FEITA ÀS PRESSAS PARA CONVENCER ALGUÉM QUE ACABOU DE CONHECER O SEU NEGÓCIO.

A proposta é separar a distribuição de conteúdos nessas três etapas, com objetivos diferentes em cada uma. Quando falo de conteúdo, quero dizer todas as mensagens da marca, incluindo o que é publicado nas redes sociais, os anúncios, as campanhas publicitárias e qualquer outra comunicação com o potencial comprador.

> **A NARRATIVA COMPARTILHADA DÁ VOZ À SUA IDEOLOGIA, REFORÇA O CREDO DO MOVIMENTO E PROMOVE A GRANDEZA DA CAUSA.**

A grande vantagem do funil de doutrinação é que o especialista ou a empresa não faz apenas uma venda, mas conquista um cliente, que depois se torna fiel e, mais para a frente, evangelizador do movimento, levando mais pessoas para a sua comunidade.

O objetivo é criar campanhas de marketing que não somente prometem resultado, mas também gerem identificação por crença, contem histórias e façam as pessoas se sentirem representadas. Além disso, o maior foco do conteúdo não pode ser falar do produto em si, mas abordar os níveis de consciência em que o sujeito está. Isso é o que eu chamo de pirâmide da consciência.

A melhor forma de explicar a pirâmide da consciência é fazendo uma analogia com o mito da caverna, de Platão.

O MITO DA CAVERNA

O mito da caverna é uma alegoria que faz parte da obra *A república*,[41] de Platão, e fala do conhecimento verdadeiro. O texto narra uma suposta conversa entre o filósofo Sócrates e Glauco, o interlocutor. Sócrates pede para Glauco imaginar uma caverna onde prisioneiros vivem desde a infância. Eles têm as mãos amarradas e estão de frente para uma parede na qual conseguem ver apenas sombras projetadas por uma fogueira situada atrás deles. Algumas pessoas passam do outro lado da fogueira, fazem gestos e exibem objetos, mas as sombras projetam tudo de maneira distorcida. Esse é todo o conhecimento que os prisioneiros têm.

Quando um dos prisioneiros consegue se libertar, anda pela caverna e percebe a existência da fogueira e das pessoas. Quando

---

41 PLATÃO. **A república**. São Paulo: Editora Lafonte, 2017.

esse sujeito encontra a saída da caverna, leva um susto ao descobrir o mundo exterior. A luz solar ofusca sua visão e ele se sente desconfortável, sozinho e desamparado. Ao se acostumar com a luz, começa a perceber mais detalhes do mundo e da natureza que existem fora daquela caverna e entende que as sombras são apenas cópias imperfeitas de uma pequena parte da realidade. Com isso, ele tem duas alternativas: voltar para a caverna e libertar os companheiros ou viver a liberdade sem voltar para trás. Se voltasse, ele poderia sofrer ataques dos amigos, caso o julgassem como louco, porém seria a coisa mais justa a se fazer para revelar a realidade àquelas pessoas.

A alegoria da caverna é um símbolo da busca pela verdade e pela libertação da ignorância e do engano. Platão reforça que a verdadeira realidade é eterna e imutável e que a busca pela verdade deve ser a principal preocupação das pessoas. Além disso, a história trata da importância da educação e da reflexão crítica para a compreensão do mundo.

A consciência das sombras

Aplicando a metáfora na nossa temática, podemos dizer que, quando está "dentro da caverna", o cliente está em estágio de sono, de inconsciência, não sabe do que precisa, não sabe quem é você, acha que as dores que sente são a realidade e não há outro modo de viver. Então, no modelo do funil de doutrinação, a primeira coisa a fazer é gerar a consciência do problema, fazer o cliente perceber a realidade, escancarar que as frustrações que ele vive não precisam existir daquela forma. Ele deve perceber tudo isso e se indignar, deve entender que precisa mudar alguma coisa na própria vida. É aí que entra a etapa da crença, quando a marca gera identificação ideológica com a pessoa.

Na primeira fase de identificação com o movimento, os conteúdos que mais engajam são os que levantam uma polêmica ou uma crença forte, que geram curiosidade por meio de alguma afirmação contraintuitiva. Se a pessoa receber uma recompensa rápida é ainda melhor. Aqui, o sentimento do seu futuro cliente deve ser: "Nossa, gostei dessa ideia. Eu me conectei com essa pessoa antes mesmo de saber o que ela faz ou vende". Estando mais apto a gostar das suas ideias, ele vai estar mais próximo de desejar as suas ofertas.

A saída da caverna

No momento em que o prospect se identifica com a marca ou com o expert, ele se desacorrenta e sai da caverna. Olha para a frente e vê uma saída. Ao ver a luz, tem a visão um pouco ofuscada, mas logo se acostuma e percebe que aquela é a solução. Estando consciente da solução, ele já sabe do que precisa.

Essa é a segunda fase do funil, em que o possível cliente é apresentado a uma narrativa que reforça a crença ideológica. Aqui, os conteúdos elevam o nível de consciência por meio de histórias, relatos, argumentos convincentes e reforço de autoridade do líder do movimento, por exemplo. É nessa fase que a pessoa fica indignada com a situação atual e começa a desejar mudar tudo aquilo.

Do lado de fora

Fora da caverna, já consciente da dor e desejando uma solução, a terceira fase é a do aquecimento para a venda. É só nesse momento que aparece a promessa. Ainda assim, antes de apresentar uma promessa forte e capaz de mudar para sempre a vida do potencial cliente, é preciso distribuir conteúdos que retirem as dúvidas que ele possa ter. Aqui entram os testemunhos e os cases de sucesso, histórias da vida pessoal do líder que reforcem as crenças e o movimento, antecipação para o evento, conteúdos aspiracionais e de fortalecimento da autoridade.

Para resumir, o funil de doutrinação é o desenvolvimento de mensagens focadas em gerar identificação pela crença, conscientização pela narrativa e só depois oferta de venda. Primeiro, você deve atrair, criar uma base engajada e só então converter. É isso o que faz as pessoas acreditarem no movimento e, mais ainda, nelas mesmas.

DEMORA MUITO PARA UM LEAD SE TORNAR CLIENTE?

A estratégia do funil de doutrinação ajuda você a vender mais rápido. No funil tradicional, que começa com uma promessa, a pessoa precisa estar consciente do problema e da solução para avançar até o momento da compra. Para chegar até essas pessoas, é preciso fazer um investimento grande em anúncios – e ainda assim a taxa de conversão costuma ser baixa. Isso acontece porque é preciso atingir um grande volume de pessoas para encontrar aquelas (poucas) que estão prontas para apostar no seu negócio. De novo, repito: não adianta pedir em casamento uma pessoa que você acabou de conhecer no barzinho na sexta à noite! A resposta, em 99% das vezes, vai ser "não".

Tem mais: nessa técnica, o que importa é empurrar uma oferta goela abaixo e tentar convencer as pessoas a aceitá-la, mesmo sem

> **SE VOCÊ ESTÁ COMEÇANDO AGORA, NÃO TENHA PRESSA DE TER RESULTADO; É MELHOR FAZER DIREITO.**

elas terem clareza da real transformação que o produto ou serviço gera na vida delas. É claro que aqui não falo para quem vende commodity, falo para quem quer se diferenciar e educar pessoas. Então, se você vende o que todo mundo vende, vai ser visto apenas como mais um no mercado – e este livro não é para você. Lembra do que falei no começo da leitura? *Marketing ideológico* é para quem quer dominar o mercado, ser o número um na mente do cliente.

"Davi, eu quero vender rápido!". Você pode! É só criar um único vídeo de vendas, mais completo, que gere as três etapas de crença, narrativa e promessa de uma vez só. O importante é respeitar as etapas. Se você juntar nove grávidas, não vai ter um filho em trinta dias. Entende? É preciso esperar os nove meses para o filho nascer. Esta é a lógica: respeite o processo.

Se você está começando agora, não tenha pressa de ter resultado; é melhor fazer direito. Não precisa ser lento, mas não tente acelerar demais as coisas, pois elas levam o tempo que precisam levar. Se você pular etapas, vai atrasar o resultado porque vai precisar voltar e fazer o trabalho duas vezes.

EDUCAÇÃO É A SOLUÇÃO

Ainda citando a metáfora da caverna de Platão, afirmo e defendo que toda empresa deve se tornar um negócio de educação, simplesmente porque essa é a melhor forma de tirar as pessoas das sombras e as doutrinar para a verdade. Não é à toa que o sistema educacional é usado, até hoje, como aparelhamento para manter as pessoas na mediocridade. Não existe nada mais poderoso que o conhecimento, então, se o sistema político está usando isso para o mal, o empreendedor tem obrigação de fazer uso para o bem: o bem do seu negócio e do seu cliente.

O ideal é ensinar e educar o cliente como maneira de gerar identificação e fortalecer a narrativa para que ele, de fato, chegue consciente ao momento da compra. Isso não é manipulação; pelo contrário, é oferecer a possibilidade de ele compreender a fundo os seus problemas e dores e ser livre para fazer escolhas conscientes.

Do lado do negócio, essa estrutura vai facilitar o aumento da taxa de aquisição de clientes e tornar a venda mais simples e fácil. Naturalmente, a pessoa para quem você vende com mais facilidade vai se tornar cliente fiel da marca e do movimento.

11 ECOSSISTEMA DE COMUNIDADE

Em 1935, o botânico inglês Arthur George Tansley pesquisava as relações entre diferentes animais e o meio ambiente quando percebeu que havia uma interação organizada entre os seres vivos ao compartilharem o mesmo espaço. O tamanho e o tipo do ambiente não importavam: podia ser um jardim com borboletas e outros pequenos insetos, um pântano, uma ilha inteira ou uma simples bromélia cheia de água da chuva com os microrganismos que se proliferavam por ali. Ele chamou essa relação de ecossistema: a interação dos seres com o ambiente e entre si.[42]

No mundo dos negócios, a mesma lógica se aplica. Um ecossistema empresarial é um recurso usado para criar uma rede de vínculo e apoio entre diferentes empresas ou setores. Essa conexão precisa ser pautada pela confiança, pelo equilíbrio e pelo dinamismo entre todos os envolvidos, buscando a evolução da empresa.

Para que um movimento no mundo dos negócios cresça, se fortaleça e se mantenha relevante no mercado, é preciso criar um ecossistema de comunidade. Qual é a ideia? Desenvolver um mecanismo em que, desde o primeiro contato com o negócio, o cliente já seja acolhido, cuidado, integrado ao ambiente e aos demais componentes da comunidade.

Lembra da metáfora do jardim e das borboletas? Esse é o nosso ecossistema. Por que você vai deixar as suas borboletas, que são os

---

[42] O QUE é ecossistema? **Biologia Net.** Disponível em: https://www.biologianet.com/ecologia/ecossistema.htm. Acesso em: 12 jun. 2024.

seus clientes, voarem para fora em busca de outras soluções se você pode oferecer todo tipo de apoio para resolver os problemas deles e, assim, fazer com que eles permaneçam no seu negócio? O ideal é ter várias ofertas para vender para as pessoas, dentro do ecossistema, para que o dinheiro fique circulando só no seu jardim.

Aqui há uma inversão da lógica tradicional dos negócios digitais. A regra, no geral, é captar leads e formar uma base de potenciais consumidores. Quanto maior é a base, em tese, maior é o resultado. Na metodologia da criação de movimentos não funciona assim: você não quer apenas trazer mais clientes para o seu negócio, quer formar pessoas desde o dia zero, desde o primeiro impacto com a sua narrativa, para que se tornem fiéis, depois, evangelizadores e depois novos líderes que vão levar a sua mensagem para a frente.

O OBJETIVO É CRIAR CAMPANHAS DE MARKETING QUE NÃO SOMENTE PROMETEM RESULTADO, MAS TAMBÉM GEREM IDENTIFICAÇÃO POR CRENÇA, CONTEM HISTÓRIAS E FAÇAM AS PESSOAS SE SENTIREM REPRESENTADAS.

Na comunidade que se forma em defesa de um movimento acontecem os mesmos movimentos dos ecossistemas, que organizam formas de convivência e cooperação entre os seres e o ambiente na natureza. Nos meus estudos, mapeei o processo que acontece com um sujeito desde quando é um completo desconhecido até se tornar novo líder de movimento.

O caminho é o seguinte: imagine alguém que está completamente inconsciente do movimento, do lado de fora da comunidade, um desconhecido. Ele recebe um impacto de uma crença forte apresentada por meio do conteúdo da marca. Então ele se torna um entusiasta. Logo depois, ele tem contato com a narrativa do movimento e passa a ser um seguidor. Na sequência, recebe uma promessa de mudança de vida e de resolução de problemas, e se torna cliente.

Depois de "comprar a ideia" e se tornar cliente do negócio, ele entende a força daquela corrente e percebe o valor de estar fazendo parte daquela comunidade. Então, ele se torna um fiel. Ao receber reconhecimento pelos resultados conquistados, passa a ser um evangelizador das ideias do movimento. Quando é empoderado pelo líder para levar aquela mensagem adiante, se torna um novo líder do movimento.

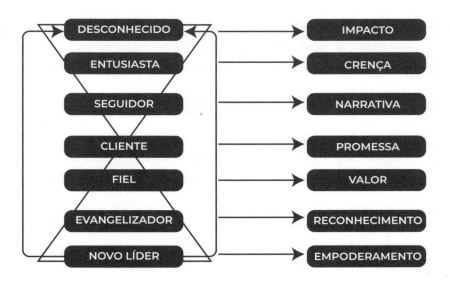

Percebe que, no ecossistema de comunidade, começamos a trabalhar a cabeça da pessoa antes mesmo de ela se tornar cliente? Até se tornar evangelizadora e uma nova liderança, ela passa por três etapas antes de decidir comprar e três etapas depois de passar o cartão para alguma solução ofertada pelo seu negócio. Essa é uma lógica psicológica que, se bem trabalhada, faz o sujeito avançar em cada fase.

No ecossistema de comunidade, o foco é sempre o valor de tempo de vida (LTV). O dinheiro que uma empresa ganha está muito mais do lado de dentro do que do lado de fora, então não faz sentido trabalhar apenas para crescer a base de seguidores e captar novos clientes a todo momento. Sim, aquisição de clientes é um processo muitíssimo importante, mas é mais importante ainda cuidar do cliente que você já tem e o transformar em um membro engajado da sua tribo. Na prática, não é necessário escolher entre ter um sistema de aquisição agressivo ou ter LTV muito alto, dá para fazer as duas coisas!

O foco, na metodologia do movimento, é demorar mais para apresentar a oferta e cuidar do cliente por muito tempo. Isso pode ser feito passando por todas as etapas da dinâmica de crença, narrativa e promessa. A ideia, em resumo, é ter movimentos fortes e bons funis de doutrinação que transformam desconhecidos em entusiastas, seguidores e clientes, ao mesmo tempo que promovem conscientização e aquecimento dessas pessoas. Já é uma aquisição agressiva, pois chama muita gente para dentro da comunidade, com a vantagem de que, desse modo, os próprios membros da comunidade se encarregam de trazer mais clientes que, por sua vez, também vão percorrer todas as etapas dessa jornada.

PRODUTOS RECORRENTES

Se estamos falando de cuidar dos clientes, então é preciso ter produtos que solucionem todos os seus problemas e sejam recorrentes. Eu acredito que toda empresa deveria ter uma oferta de recorrência. Toda empresa mesmo, sem exceção.

Imagine se a Nike criasse uma plataforma de treinos on-line que custa 39 reais por mês em um aplicativo. Como a marca tem um movimento forte no mundo inteiro, com essa iniciativa já nasce quase que instantaneamente uma startup bilionária. E sabe o que é melhor? A empresa vai vender muito mais tênis e roupas de academia e não vai estar só vendendo produtos, mas também educação.

Já falei e repito: toda empresa deveria investir na educação do público. Melhor ainda se conseguir criar um serviço educacional recorrente. É isso que vai escalar o movimento. Tanto faz se você vende produto físico, digital ou serviço, se você agregar educação ao ecossistema, vai gerar mais demanda para as suas ofertas. No fim das contas, você vai vender mais, e rápido, porque os clientes estão mais conscientes e propensos a comprar outras vezes as suas soluções.

Outros exemplos: imagine se a Apple tivesse uma escola de empreendedorismo ou uma escola de inovação tecnológica onde as pessoas usassem apenas produtos da marca? Ou, então, se uma empresa de assessoria financeira criasse uma mentoria de finanças recorrente para que os clientes continuassem em desenvolvimento mesmo depois de a entrega ter sido realizada.

Produto de recorrência não precisa ser barato, pode ser até mais caro que a entrega principal, como no caso da mentoria. O importante é que ele seja renovável e mantenha as borboletas dentro do seu jardim. Produtos que mantêm a pessoa dentro do negócio, que criam ambientes comunitários, são os elementos primordiais para um bom ecossistema de comunidade.

COMMUNITY LED GROWTH, O CLG

Bastante conhecida nos Estados Unidos, a estratégia de *Community Led Growth* (CLG ou Crescimento Liderado por Comunidade em português) é o processo de alavancar uma comunidade para impactar os resultados dos negócios. Envolver as pessoas no crescimento da marca aumenta a aquisição de clientes e o envolvimento entre os membros, o que melhora a retenção.

É importante ressaltar que o CLG está intrinsecamente relacionado ao crescimento da comunidade, mas não se trata da mesma coisa. O crescimento da comunidade se refere a todos os esforços para construir, nutrir e fortalecer uma tribo. Esse crescimento, quando bem-sucedido, impulsiona a alavancagem do negócio com base na força da comunidade.

Essa estratégia é uma evolução do *Product Led Growth* (PLG ou Crescimento Baseado em Produto, em português), cuja premissa fundamental é que o produto é o impulsionador da captação de clientes e da jornada de compra dentro de uma empresa. Nessa estratégia, o potencial cliente encontra o produto, conhece as suas qualidades, o adota e o insere na própria rotina. É uma estratégia que até funciona bem para empresas focadas apenas em captação. Mesmo assim, é limitada.

Na realidade, o processo de encontrar, adotar e integrar o produto na vida do cliente não inclui a parte em que ele se torna "defensor" desse produto para outras pessoas. Como os seres humanos estão sempre em busca de pertencimento, também esperam aprovação, o que significa que, mesmo antes de começar a procurar por uma solução, querem validar as próprias ideias e sentimentos. Mesmo estranhos na internet influenciam como outras pessoas devem se vestir, o que devem comer, onde devem morar e até o que devem pensar.

Sabendo disso, basear o crescimento do negócio na comunidade faz muito mais sentido e gera muito mais resultado, tanto no curto quanto no longo prazo, já que o LTV aumenta, e o cliente permanece mais tempo no seu negócio. Estamos falando de fidelização e transformação de pessoas que, por meio de uma ideologia, vão usar determinada marca como estilo de vida, vão enxergar os produtos como representantes de uma filosofia de vida e da forma peculiar como veem o mundo. Chegando a esse ponto, é impossível não ter resultado: o lucro da sua empresa vai aumentar muito, você querendo ou não.

Dentro de uma comunidade engajada, você pode vender em diversos níveis: *cross-sell* (venda cruzada), *up-sell* (vender a mais), *down-sell* (diminuir a venda), ofertas de recorrência e tantos outros.

Se você trabalha, por exemplo, com mentoria de negócios, pode criar uma identidade e vender cadernos e estojos com o mantra do movimento, camisetas, bonés e souvenirs, oferecer outros produtos educacionais que se relacionam com o primeiro e até serviços de implementação mais caros ou indicação de plataformas parceiras. Se, por exemplo, você tem uma startup e a sua comunidade é engajada, o *valuation* do seu negócio sobe muito, porque esse valor é calculado não apenas em ativos, mas também em previsão de receita recorrente.

Criar um ecossistema de comunidade, cuidando das pessoas que fazem parte do movimento por muito tempo e mantendo-as dentro da empresa como se fizessem parte de uma família ao mesmo tempo que se promove a interação entre elas por meio de mitos, ritos e doutrinas é altamente lucrativo. E sabe o que é melhor? Além de altamente lucrativo hoje, é algo que pode se tornar infinito.

Ouroboros

Uma serpente que engole a própria cauda formando um círculo sem início, sem meio, sem fim. Essa criatura mitológica simboliza o infinito, a mudança, o tempo, a evolução, a criação, a destruição e a renovação. O símbolo foi encontrado pela primeira vez na tumba do imperador Tutancâmon, que governou o Egito no século XIV a.C., mas também é encontrado em outras culturas muito distantes no tempo e no espaço, como a grega, a indiana, a japonesa, além de ordens como a maçonaria, religiões como o budismo e na antiga alquimia, na qual simbolizava a energia cíclica da vida, a unidade primordial e a totalidade do mundo.[43]

A AQUISIÇÃO DE CLIENTES É UM PROCESSO MUITÍSSIMO IMPORTANTE, MAS É MAIS IMPORTANTE AINDA CUIDAR DO CLIENTE QUE VOCÊ JÁ TEM E O TRANSFORMAR EM UM MEMBRO ENGAJADO DA SUA TRIBO.

---

43 OUROBOROS. *In*: ENCICLOPÉDIA SIGNIFICADOS. Disponível em: https://www.significados.com.br/ouroboros/. Acesso em: 12 jun. 2024.

Ouroboros pode representar também o ecossistema de comunidade de um movimento, porque é um ciclo sem início e sem fim que se nutre e se retroalimenta eternamente dentro do próprio sistema. Para ficar mais claro: quando o seu cliente é o seu melhor advogado de marca, ele vai trazer mais gente com o mesmo perfil, e isso vai baratear o seu marketing. Os funis de doutrinação e o movimento forte geram alta taxa de conversão e de retenção, o que faz o novo integrante da tribo comprar mais e mais vezes. Depois, esse novo membro também se torna um advogado da marca e o ciclo se repete, sem fim.

Por isso, desafio quem consiga provar que uma comunidade engajada não é o ativo mais valioso de uma marca. A longevidade de qualquer empresa mora na comunidade, não no produto. O produto pode ser copiado, mas a fidelidade da sua comunidade, não. Como fazer isso?

De novo: basta desenvolver um sistema de produtos recorrentes, com formas individuais de ascensão dentro da comunidade, com o objetivo de gerar alto LTV, mantendo o cliente comprando novas soluções e fazendo-o se engajar ainda mais conforme o tempo passa.

Há várias maneiras de potencializar isso. Você pode premiar e reconhecer publicamente o membro mais ativo da comunidade, promover encontros anuais com todos os clientes, criar uma hierarquia bem delimitada de crescimento dentro da comunidade, criar grupos internos de comunicação dentro da tribo para promover afinidades, eleger embaixadores... Existem vários caminhos para aumentar a noção de pertencimento à comunidade.

O importante é cuidar de quem está dentro de casa e lutar pelo sucesso dessa pessoa. Esse é o segredo para transformar clientes em fãs, depois em fiéis e mais tarde em evangelizadores da sua marca.

12 QUANTO MAIOR É O MOVIMENTO, MAIOR É A LEGIÃO DE CLIENTES FIÉIS

No início, o cristianismo era considerado uma seita pagã. Os primeiros líderes foram perseguidos e executados. Quatrocentos anos depois, a mensagem continuava tão viva e ecoando tão forte que não foi mais possível ignorá-la nem combatê-la, e se tornou a religião oficial do Império Romano. Hoje, é considerada a maior do mundo, com 2,8 bilhões de adeptos.[44] O maior movimento da história, além de converter bárbaros, é a religião que coloca no centro de tudo a devoção a um Deus, um homem e um espírito. E esse movimento tornou a Igreja a empresa mais poderosa do mundo.

Acredito que tenha ficado claro ao longo de todas as páginas que você já leu, mas não custa reforçar. Quando falo de Jesus e do cristianismo, não estou nem um pouco interessado em dogmas religiosos. Falo do homem como grande líder e do movimento que ele criou e que perdura por mais de dois milênios, cumprindo os mesmos ritos. Esse é um empreendimento sem precedentes, e não é à toa que você olha o calendário e vê todos os dias em retrospecto à data da morte de Cristo.

Naquele tempo, quando se espalhou a história da ressurreição de Jesus, criou-se a narrativa perfeita. Homens comuns, como pastores, pescadores, artesãos e pequenos comerciantes, trataram

---

[44] CRISTÃOS no mundo: 2,18 bilhões de pessoas dizem professor a fé cristã segundo instituto. **CNBB**, 19 maio 2017. Disponível em: https://www.cnbb.org.br/cristaos-no-mundo-7-bilhoes-de-pessoa-dizem-professar-a-fe-crista-segundo-instituto-de-pesquisa-pew-research/. Acesso em: 12 jun. 2024.

de espalhar a notícia que exerceu fascínio no povo e desencadeou um crescimento espiral da crença no líder que andava pelo deserto promovendo a cura de todos os males.

Não há como ignorar que essa é a receita de sucesso de outras tantas empresas atuais. Eu mostrei a você vários exemplos disso, de marcas gigantes como Apple e Nike a grandes líderes modernos do mundo digital, especialistas em diversas áreas que conseguem arregimentar milhares de pessoas apenas tocando a tela de seu smartphone.

QUANDO O SEU CLIENTE É O SEU MELHOR ADVOGADO DE MARCA, ELE VAI TRAZER MAIS GENTE COM O MESMO PERFIL.

É por isso que insisto tanto: crie um movimento forte, tenha coragem de compartilhar essa visão com o mundo e me conte depois o que vai acontecer! Estamos chegando ao fim deste livro, então convém fazermos uma revisão dos conceitos mais importantes para que você tenha clareza do caminho a seguir assim que encerrar a leitura e saiba exatamente o que fazer depois.

O MAPA DO MARKETING IDEOLÓGICO

O marketing ideológico é, hoje, a forma mais certeira de furar a bolha da concorrência e se destacar em um mercado feroz. Essa estratégia se baseia em três pilares: (1) a criação de um movimento forte; (2) o desenvolvimento de um ecossistema de comunidade em torno da sua marca; (3) e a implementação de um funil de doutrinação que cative o possível cliente logo no primeiro contato.

> A LONGEVIDADE DE QUALQUER EMPRESA MORA NA COMUNIDADE, NÃO NO PRODUTO.

Um grande movimento é orientado por quatro princípios: um grande ideal, um inimigo ameaçador, um líder forte e uma comunidade engajada.

O grande ideal é o mantra de qualquer movimento. É aquela frase que sintetiza tudo, repetida à exaustão pelo líder e internalizada pela comunidade. É a máxima na qual todos acreditam, o norte para onde devem seguir. Por essas poucas palavras, mata-se e morre-se – às vezes, literalmente! Na Igreja Católica, por exemplo, o grande ideal é a vida eterna.

O inimigo ameaçador é um obstáculo ou uma grande injustiça contra a qual a comunidade precisa se levantar. É o "vilão" que deve ser combatido por todos. Ao mesmo tempo em que é odiado, ele exerce um papel importante na continuidade do movimento, porque dá sentido à causa. É o inimigo que oferece o motivo pelo qual as pessoas enfrentarão tudo e todos e partirão para a luta, seja ela qual for. O inimigo do cristianismo é o mal, representado pela figura do diabo.

O líder corajoso não é o chefe que manda e desmanda, presencialmente ou a distância. Menos ainda é aquela pessoa que se senta a uma mesa com uma plaquinha metalizada gravada com o seu nome e que se acha todo-poderosa. O líder corajoso toma a frente do movimento, está na vanguarda, empunhando a bandeira do grande ideal e disposto a lutar com todas as armas contra o inimigo ameaçador. É ele quem inspira e motiva a comunidade a continuar seguindo o movimento.

Jesus Cristo foi o líder mais corajoso de todos os tempos, por isso permanece sendo seguido mesmo 2024 anos após a sua passagem na Terra.

A comunidade engajada é o ativo mais importante de qualquer negócio. É ela quem dita os padrões de comportamento do grupo e cria o senso de pertencimento. Para isso, assim como a Igreja Católica faz muito bem, é preciso criar os mitos (narrativas e histórias poderosas que transmitem os valores do grupo), os ritos (práticas e cerimônias de grande significado para as pessoas) e a doutrina (o conjunto de crenças e valores da comunidade). Essa é a liturgia de qualquer movimento que se perpetua no tempo.

Desenhado o movimento, é preciso mobilizar pessoas. É aqui que entra a persona ideológica, como chamo o método de buscar o público ideal não apenas a partir de características pessoais e demográficas ou de imaginar um cliente e dar a ele nome e rosto, como faz o marketing digital. Para mapear a persona ideológica é preciso levar em conta o contexto social e cultural do potencial cliente, as crenças, os valores e os princípios dele para, com isso, construir uma comunicação poderosa e viciante.

O IMPORTANTE É CUIDAR DE QUEM ESTÁ DENTRO DE CASA E LUTAR PELO SUCESSO DESSA PESSOA. ESSE É O SEGREDO PARA TRANSFORMAR CLIENTES EM FÃS, DEPOIS EM FIÉIS E MAIS TARDE EM EVANGELIZADORES DA SUA MARCA.

Da mesma forma, deve-se construir uma narrativa ideológica, que é a essência do movimento. Ela deve ser visceral, capaz de criar vínculos emocionais com o público e forte o bastante para conectar as pessoas com o movimento, sem espaço para questionamentos.

Ao desenvolver um funil de doutrinação, você começa a levar para o mundo o movimento que idealizou. Nesse funil, diferentemente dos funis de venda tradicionais, você usa a crença forte para atrair, a narrativa para aquecer e convencer e, só depois, apresenta uma oferta.

Por fim, criando o ecossistema de comunidade, você traz mais clientes para o negócio, garantindo que eles serão impactados logo ao chegar, se tornarão fiéis, evangelizadores do movimento e novos líderes que levarão ainda mais longe a sua mensagem.

NÃO É SÓ UMA ESTRATÉGIA DE MARKETING!

O que revelei foi o segredo por trás das religiões, dos partidos políticos, das eleições vencidas ou perdidas, das revoluções, das ditaduras. É uma ferramenta que pode ser usada para influenciar milhares de pessoas. Agora deixo, nesta reta final, o meu apelo moral: use tudo isso para o bem. Para o seu bem e o bem de todos os que estão à sua volta. Use o marketing ideológico para fazer crescer o seu negócio e construir uma empresa que, de fato, ajude a sociedade. Na minha visão, esta é a real função de uma empresa: ajudar o mundo a ser um lugar melhor para se viver.

Sinceramente, se a sua empresa não faz o bem para o mundo, se não serve para dar lucro para a história – e não só para o seu bolso –, repito: ela não serve para nada. Empresas **têm** de dar lucro para a história, têm de fazer os seres humanos despertarem, terem uma vida mais digna e construírem um país muito melhor.

Você, agora, precisa fazer uma escolha ao ter esse conhecimento em mãos. Sabendo de tudo o que sabe até aqui, você pode escolher ser cúmplice ou revolucionário. Não existe meio-termo. Se você não é o revolucionário que está comprometido a melhorar a vida das pessoas, então é cúmplice de tudo de errado que acontece e contra o qual você tem medo ou preguiça de se levantar.

Você pode até dizer que é imparcial, que não tem opinião ou que não precisa defender causa alguma, porém saiba que essa sua posição já é um movimento. Com isso, você já está sendo parcial, escolhendo um lado, mesmo que seja o do meio. Só que esse é o lado dos que descobrem que estavam dentro de uma caverna, olhando as sombras da realidade, e preferem ficar ali mesmo porque, afinal, é mais cômodo não se incomodar, não fazer nada para mudar a sua realidade e a das pessoas que estão à sua volta.

Se o seu lado é a escolha de não ajudar o mundo a andar para a frente, automaticamente, com todo respeito, você está ajudando a acabar com a vida das pessoas. Você está sendo cúmplice do mal. Você está sendo cúmplice daquilo que atrapalha a educação, a evolução econômica e a inovação do nosso país. Se você é empresário ou pretende ser, entenda que empresas não devem vender apenas produtos ou serviços, mas servir a um propósito maior.

Quero levar a mensagem de que se todo ser humano se move por uma causa, então que eu e você possamos ajudar as pessoas a se moverem por boas causas e torná-las cada vez mais lucrativas.

Se temos o poder de ajudar a sociedade, se temos soluções que ajudam indivíduos a viver melhor e ser mais prósperos, então temos a obrigação de construir empresas multimilionárias para que, com isso, possamos impactar cada vez mais gente. Assim vamos criar

> **O MARKETING IDEOLÓGICO É, HOJE, A FORMA MAIS CERTEIRA DE FURAR A BOLHA DA CONCORRÊNCIA E SE DESTACAR EM UM MERCADO FEROZ.**

uma legião de pessoas transformadas e ricas em todos os sentidos e juntá-las em um movimento que cresce exponencialmente.

Que este livro sirva como motor de evolução social, educacional e econômica do nosso país, transformando empresas em movimentos, porque apenas a educação muda o mundo. O conteúdo deste livro é para quem escolhe ser líder. Líder de movimento, idealista, mensageiro de uma boa causa.

No fundo, somos todos evangelizadores, assim como Jesus Cristo e os discípulos. Se ele próprio disse: "Aquele que crê em mim fará também as obras que tenho realizado. Fará coisas ainda maiores do que estas" (João 14:12), por que duvidamos? Precisamos levar para as pessoas a boa causa e as boas mensagens, aquelas de amor, liberdade e paz, para que possamos, juntos, transformar o Brasil.

Toda sabedoria é como uma faca, que tem dois poderes e pode cortar um alimento ou a garganta de alguém. A culpa não é da faca, e sim de quem a usa. Seja alguém que usa corretamente a faca que tem nas mãos. Aproveite o marketing ideológico para ficar gigante, para escalar para o lado do bem. Construa algo maior, que beneficie o mundo.

Se daqui, desta vida, não levamos nada, então o que de fato é importante? Só aquilo que deixamos por aqui. Pense nisto: você não leva nada, mas pode deixar muita coisa semeada, plantada, frutificada e eternizada. É isso que interessa e é para isso que você precisa trabalhar. Começando AGORA!

13
PEGUE O REMO CERTO E SE JOGUE NO MAR

Querido leitor, você está prestes a fechar este livro. Restam pouquíssimas páginas, pode conferir. Não sei como foi o seu percurso até aqui, se sorveu cada palavra em um gole só, como quem está sedento pelo conhecimento, ou se leu aos poucos, refletindo, fazendo os exercícios propostos, organizando na mente e nos seus arquivos o novo movimento que está criando.

De qualquer forma, eu faço um apelo sincero. Não encoste este livro na estante, não o esqueça na mesa de canto, não se livre dele assim tão rápido. Leia de novo, revise, marque, rabisque. Volte aos pontos que você achou mais interessantes ou que deixaram dúvidas. Anote. Faça correlações com o seu negócio. Busque insights.

Promova uma discussão com a sua equipe sobre o que aprendeu aqui. Use essas páginas como material estratégico para a sua marca, e não como mais uma da série de obras que você leu no último ano para poder dizer que está se atualizando. Releia duas, três, quatro ou mais vezes. Use este livro como objeto de estudo, compreenda, internalize e aplique.

Ao terminar a leitura, não termine de ler. O que quero dizer? Entenda que o conteúdo não acaba na última página, porque ele continua, prossegue, ecoa, expande. Se você fizer bom uso desse livro, ele vai ser só o ponto de partida – e não a chegada. Espero que este seja o início da mudança do seu negócio e da sua mentalidade como o próximo líder corajoso de um movimento transformador.

Eu sei que agora você está diante de um ponto de inflexão, onde o conhecimento se encontra com a ação e o futuro do seu empreendimento está nas suas mãos. Todo barco precisa de dois remos, não é verdade? Ao usar os dois, a embarcação segue para a frente, em linha reta, e pode navegar com destreza. Se usar um só, o barco vai ficar eternamente dando voltas, girando em círculos. Aqui, você recebeu e aprendeu a manejar o remo do conhecimento. Falta, agora, tomar para si o remo da prática.

Todos os conceitos e as estratégias apresentadas ao longo destas páginas estão ao seu alcance. Agora é hora de levantar a âncora e se lançar no mar de possibilidades para construir um movimento forte e ser líder absoluto no seu mercado.

SE VOCÊ É EMPRESÁRIO OU PRETENDE SER, ENTENDA QUE EMPRESAS NÃO DEVEM VENDER APENAS PRODUTOS OU SERVIÇOS, MAS SERVIR A UM PROPÓSITO MAIOR.

Não deixe o medo paralisar você. Todo marinheiro precisa aprender a navegar durante as tempestades e em mares revoltos, e você não é um ser iluminado que passará incólume em meio às tormentas e aos desafios do empreendedorismo. Com coragem e determinação, vai ver que das maiores adversidades surgem as melhores oportunidades. Acredite em si e na sua visão. Seja firme na busca pelos seus objetivos, mesmo que as ondas pareçam altas demais.

Pegue o remo certo, aqueça os seus músculos e se jogue de cabeça no mar. É na ação e na prática que os sonhos deixam de ser apenas sonhos. Faça como Martin Luther King Jr.: leve a sua visão para a praça pública e a compartilhe com milhões de pessoas, ainda que a sua praça seja o seu perfil no Instagram ou seu canal do YouTube.

No final das contas, tudo o que eu contei neste livro pode ser resumido em uma única frase: "**torna-te quem tu és, pois existem pessoas esperando você**". Isso é algo muito mais profundo do que você imagina, porque você não é a sua personalidade, você não é o seu corpo, você não é sua mente. Então, como líder, como empresário ou como qualquer outro rótulo que você colocou em si ao longo da vida, pergunte-se: "Quem sou eu? O que vim fazer neste planeta?"

"LEVE A SUA VISÃO PARA A PRAÇA PÚBLICA E A COMPARTILHE COM MILHÕES DE PESSOAS."

Este livro foi impresso
pela Edições Loyola
em papel lux cream 70 g/m²
em julho de 2024.